普列汉诺夫文集

第 1 卷

无政府主义和社会主义

王荫庭 译

译 者 序 言

《无政府主义和社会主义》是普列汉诺夫十九世纪九十年代发表的七种传世名著之一,也是他论著中译成外语最多的著作,在十九世纪末曾经轰动欧洲和北美许多国家。

1878—1883年,在欧洲,混进工人运动中的无政府主义者"用行动作宣传"的浪潮泛滥一时。以后几年虽然暗杀之类的活动稍有收敛,但无政府主义的理论宣传却一直有增无已。到了九十年代,"同伴们"的个人恐怖活动又开始回潮。他们杀总统,刺国王,炸议院,闹剧场,抢国库,劫商行,造成社会混乱,到处人心惶惶。各国资产阶级政府普遍感到惊恐,纷纷采取严厉的镇压措施。或者大批逮捕、监禁凶手和同谋犯,对他们加以驱逐、流放,甚至判刑、处决;或者立法禁止无政府主义者入境;或者查封他们的报纸、书刊等等。

由于十九世纪八九十年代,一般人心目中还保存着一种错误的印象:好像无政府主义也是一种社会主义,甚至是社会主义运动中的"左翼"。于是上述镇压措施也连带被反动当局加到马克思主义者头上。普列汉诺夫本人就在刚刚写完《无政府主义和社会主义》一书的时候,即在1894年夏天被法国政府从他寓居多年的萨伏伊当成"无政府主义者"赶出了国境。

无政府主义的浪潮严重地阻碍了国际工人运动的发展。无政府主义的理论宣传用小资产阶级社会主义代替科学社会主义，它模糊了无产阶级的阶级意识，使他们看不清自己真正的利益之所在，诱使他们离开阶级斗争的正确轨道。无政府主义者"用行动作宣传"的那些活动，则使国际工人运动丧失广大人民的同情，并且给各国反动政府提供了迫害无产阶级领袖和镇压社会主义运动的借口。尽管就整个形势来说，当时工人运动的主要危险不是无政府主义，而是修正主义；但是十九世纪八九十年代的无政府主义者的恶作剧绝非仅仅是一小撮人"淘气"的结果，而是也有一定的社会根源。因此，打退无政府主义者掀起的反动浪潮，批判他们的错误理论和策略，阐明马克思主义和无政府主义的根本区别，揭露无政府主义理论和实践的危害性，就自然而然地成了当时无产阶级的一项紧迫的理论任务和实践任务。

在这种情况下，德国社会民主党中央指挥部于 1894 年 2 月函请普列汉诺夫写一本批判无政府主义的小册子。

这时的普列汉诺夫，除了家庭经济长期困难、本人患肺结核多年之外，正处在新的内忧外患之中。

1893 年 8 月，普列汉诺夫在第二国际慕尼黑代表大会上发表了批判法国政府同俄国勾结，给沙皇政府以财政支援的政策的讲话，被认为是对法国政府的"侮辱"。资产阶级报刊开始迫害他。他随时都有可能被撵出法国。正在这时，即 1894 年前夕，新的不幸落到了普列汉诺夫的头上：五岁爱女玛莉娅得了脑膜炎。他接到这个消息后，立即非法越过瑞士和法国的边界。当他跨入家门时，女儿已经死了。很了解普列汉诺夫的 К. П. 梅得韦德娃后来这样对邦契·布鲁也维奇说:"看到格奥尔基·瓦连廷诺维奇(即普列汉诺夫),觉得心头沉重、难受。罗札利娅·玛尔柯夫娜(即普列汉诺夫妻子)痛苦得要命,她哭泣,也许这些眼泪使她变得轻松些。他一言不发,安静坚强。然而这种安静、外表没有显出最深沉的精神痛苦的这种表现,却是更加可怕,更加悲惨。这些日子他老了十岁,面庞消瘦了,背驼了。"①

即使如此,普列汉诺夫还是毅然接受了约请,并且暂时搁下了本来应该写完的反对自由派民粹分子的书,投入了批判无政府主义的新战斗。他用了两个月的时间,写出了现在放在读者面前的书,胜利地完成了自己的任务。

《无政府主义和社会主义》是用法文写的,1894年6月被译成德文首次发表。1895年出版了法文原作和马克思的幼女爱琳娜·艾威林的英译本。1896年发行意大利文本。随后还出现了好几种其他欧洲语言的译本。当时在所有国家的社会主义者那里,对这类小册子的需求是如此巨大,以致短期内在欧洲和北美许多国家中它都被翻译出版。据远不完备的材料,它用德语刊印五次,意大利语刊印三次,法语六次(在法国和比利时),英语四次(大不列颠和美国),还用匈牙利语、保加利亚语、芬兰语、西班牙语、犹太语、立陶宛语、乌克兰语和其他语言出版过。仅仅相近的几年它就在南斯拉夫出版了三次。而且尽管这本著作有该书序言中谈到过的一些缺点,它在十九世纪末到二十世纪第一个三分之一时期在同无政府主义者和无政府工团主义者的斗争中为巩固社会民主党

---

① 参见约夫楚克、库尔巴托娃:《普列汉诺夫》,1977年俄文版,第125页。

人的阵营,起了根本性的作用。

这本小册子的问世,当时首先在西欧产生了强烈的反响,它得到了广泛的传播,它的作者赢得了"反无政府主义英雄"的盛名。社会民主党人对它普遍表示热情的欢迎,而无政府主义者则暴跳如雷。爱琳娜·艾威林曾经指出:普列汉诺夫"是党内最有能力的理论家和最机智的人物之一,无政府主义者害怕他也许比害怕现代作家中任何人都更厉害。"①

当时正忙于完成整理《资本论》第三卷这一远为重要的工作而无法亲自批判这种反动思潮的老恩格斯,"曾热心地帮助过这本小册子的出版"②。恩格斯的赞许肯定地告诉我们:《无政府主义和社会主义》不仅当时具有迫切的实践意义,在理论上也有相当的价值。

现在就来谈谈它的理论价值。

有人说:这本小册子"提出了历史唯物主义的若干原理"③。这是不对的。此书没有"提出"任何新的历史唯物主义原理。作者只是根据马恩唯物史观基本原则分析批判了无政府主义的理论和策略。这种批判早在《社会主义和政治斗争》中就已经开始了,以后他的许多著作一直继续下来。但是系统而全面的批判,这还是第一次。

---

① 参见 B. A. 斯米尔诺娃:《国际社会主义运动(1883—1900)中的普列汉诺夫》,载〔苏联〕《历史问题》1956 年第 12 期。
② 指爱琳娜翻译的英译本。
③ 参见杨永志:《普列汉诺夫和无政府主义的论战》,载 1957 年 7 月 14 日《光明日报》。

如果说《论一元论历史观的发展问题》是普列汉诺夫哲学思想发展的精华和顶峰,那么本书就是他批判无政府主义理论的最高点和代表作。在第二国际中,他第一个起来反对无政府主义,而且在这方面的理论成就也大于所有其他第二国际领袖。在马克思主义文献中他运用唯物史观基本原理第一次系统地、集中地、扼要地、深刻地分析批判了无政府主义主要头目的"历史哲学",即批判了他们的资产阶级个人主义世界观、人性论的和空想主义的唯心史观。《无政府主义和社会主义》的主要价值就在这里。

其次,这本小册子的理论价值还在于批判了无政府主义主要代表的"政治哲学",即批判了这样几点:不懂得无产阶级的阶级斗争;反对利用资产阶级议会制;荒谬地否认资产阶级社会的政治;不承认少数服从多数;要求"打倒国家"、打倒任何权威;主张绝对的个人自由;等等。

最后,作者还正确地批判了无政府主义者的经济理论和经济纲领。普列汉诺夫指出,这些理论和纲领归根到底不过是表达了小资产阶级商品生产者的精神。蒲鲁东、巴枯宁等人不懂得剥削的根源,不懂得私有制是商品经济的基础,不懂得资本主义商品经济发展的客观规律,也不懂得大生产的作用。一句话概括,他们对马克思主义政治经济学完全无知。

作者在论述所有这些思想时,大量引证了论敌们的著作和有关材料,清楚地说明了从施蒂纳到克鲁泡特金等人的"思想演变",所以列宁把这部分称为"宝贵的""历史文献"而予以充分的肯定。

《无政府主义和社会主义》当然也有自己的缺点错误。这主要就是"回避了整个国家问题"。所谓"回避",不是说他根本没有谈国家问题,而是说他没有"理会马克思主义在公社以前和以后的全部发展",特别是没有理会马克思和恩格斯在 1871 年、1872 年和 1875 年关于国家问题的论述[①]。列宁为什么一再说普列汉诺夫是"庸人",指出他的议论是"庸俗的"? 因为他在国家问题上把对无政府主义者的批评仅仅归结为纯粹市侩式的极其庸俗的一句话:"我们承认国家,而无政府主义者不承认!"因为他"庸俗地认识马克思主义同无政府主义的区别",以致对伯恩施坦"把马克思关于'消灭寄生虫式的国家政权'的观点同蒲鲁东的联邦制混为一谈""默不作声"[②]。特别是因为他"庸俗"地了解"无产阶级在革命中的具体任务",不懂得"是否需要打碎旧的国家机器、用什么东西来代替它等具体政治问题"[③],以及诸如此类。

普列汉诺夫同无政府主义者论战的"庸俗"性最突出地表现在"无政府主义与强盗没有区别这样拙劣的议论"中。举个例子:十九世纪八十年代初,巴黎大批失业工人在两个著名的无政府主义者埃米尔·波盖和路易丝·米歇尔的领导下抢了几家面包店。能不能把这些工人叫作强盗呢? 当然不能。就是波盖和米歇尔也和强盗有根本的不同。

福米娜说得对:普列汉诺夫"在漫画式的、简单化的形式下介绍了无政府主义的策略。例如他说,无政府主义者为了达到自己的目的,'用装满炸药的瓦罐武装起来,并且把它扔到戏院或者咖

---

① 《列宁全集》,第 24 卷,人民出版社 1957 年版,第 30 页。
② 《列宁全集》,第 25 卷,人民出版社 1958 年版,第 415—416 页。
③ 同上书,第 426、462 页。

啡馆的顾客群众中去。'普列汉诺夫用这种议论回避了对马克思主义和无政府主义在策略问题上的对立的深刻分析"①。

由此可见,《无政府主义和社会主义》一书也像它的作者一样是复杂的。它也是"功过掺合、瑕瑜互见",但总体上仍然还得承认它是一本出色的、至今都有教育意义的马克思主义著作,属于列宁所指出的"共产主义必读丛书"之一。

为了全面地评价普列汉诺夫这本小册子,还必须讨论一下它对列宁思想发展的影响。

读过列宁早期著作的人,都不难发现,《无政府主义和社会主义》一书的基本观点,或者一般地说,普列汉诺夫对无政府主义的批判,曾经给予列宁以巨大影响。在这里我们不准备对两方面的论点逐一进行比较。事实上,在论述本书的理论价值时几乎全都是用列宁的原话来叙述的。如果必要,我们还可以在说明列宁和普列汉诺夫观点一致的上述单子后面再补充几条,不过就像现在这样也已经足够说明问题了。克鲁普斯卡娅说过:"普列汉诺夫在弗拉基米尔·伊里奇的发展上起过很大的作用,他帮助他找到了正确的革命道路。"②又说:"普列汉诺夫在老一辈马克思主义者生活中曾起过决定性的作用。"③这个论断无论一般的对列宁哲学思想的发展,还是对他的无政府主义批判,都是同样正确的。

早年的列宁十分尊重普列汉诺夫批判无政府主义方面的成

---

① 参见福米娜:《普列汉诺夫的哲学观点》,汝信译,三联书店1957年版,第125—126页。
② 参见克鲁普斯卡娅:《论列宁》,人民出版社1960年版,第13页。
③ 参见克鲁普斯卡娅:《列宁回忆录》,哲夫译,人民出版社1972年版,第171页。

就。我们且从列宁 1902 年 12 月 14 日给普列汉诺夫的一封信中引证一段话。当时列宁在伦敦,普列汉诺夫在日内瓦。信中这样写道:"我今天听说您将出席布鲁塞尔国际代表会议(大概是在 12 月底或 1 月初),并将在那里作报告。望您务必来我们这里看看,好吗?反正路途很近,又逢节日,花费也不多。而且这里非常需要您作报告,因为这里许多工人都沾染了无政府主义(我对这点深信不疑,因为我在这里作了关于社会革命党人的报告,这里的听众并不感兴趣)。要是您来,也许可以影响他们。"①

这就是说,在当时列宁的心目中,普列汉诺夫批判无政府主义的本领比自己高明。这种观念的得来显然与《无政府主义和社会主义》一书有关。

据说 1931 年邦契·布鲁也维奇(二十世纪二十年代苏俄政府主管出版事务的官员)曾经写信告诉普列汉诺夫的妻子,说在二十年代同无政府主义者激烈论争的时候,弗拉基米尔·伊里奇(列宁)向他谈到过再版格奥尔基·瓦连廷诺维奇(即普列汉诺夫)论无政府主义者的小册子的必要性。因为在列宁看来,它是在同无政府主义和无政府工团主义作斗争中继续起作用的一本书②。

不用说,即使在早年,列宁批判无政府主义时始终都有自己的特点。很明显的是他根本没有普列汉诺夫式的学究气,也没有一点在国家问题上表现机会主义倾向的影子。

事物不断向前发展,从不停留在一个地方。1903 年 11 月,列

---

① 《列宁全集》,第 34 卷,人民出版社 1959 年版,第 116 页。
② 参见恰金、库尔巴托娃:《普列汉诺夫》,1973 年俄文版,第 112 页。

宁和普列汉诺夫在如何对待孟什维克无政府主义行为的态度上首次发生冲突。普列汉诺夫"用温和办法使无政府个人主义者就范"的主张遭到了列宁的坚决反对。然而这种冲突并不涉及对无政府主义的实质的了解。

第一次实质性的分歧出现在1905年1月。普列汉诺夫在一篇文章中攻击布尔什维克对待自由资产阶级的策略，硬说这种会造成"一片喧闹、叫嚷、恐怖、慌乱和乌烟瘴气的气氛"的"恫吓策略主要是无政府主义的策略"①。这种分歧当时也还是没有引起列宁很大的重视。

真正的、导致了一场论战的根本分歧发生在同年4月。争论的问题是：起义胜利后社会民主党参加临时革命政府原则上是否允许？论战双方都引证恩格斯的同一篇著作。普列汉诺夫得出的结论是：参加临时革命政府是无政府主义原则。恰好相反，列宁认为："'仅从下面'的原则是无政府主义的原则"②。

从此以后在一系列重大的策略问题上，普列汉诺夫不停地指责布尔什维克，说他们的策略是"无政府主义"思想。列宁不得不起而应战，他写下了大量的著作，不仅痛斥了普列汉诺夫的谬论，而且在所有受到普列汉诺夫无端攻击的问题上划清了布尔什维主义与无政府主义的界限，从而发展了马克思主义的策略学说和国家理论。

---

① 参见《论我们对待自由资产阶级反沙皇制度斗争的策略》，载《普列汉诺夫全集》，俄文版，第13卷。
② 《列宁全集》，第8卷，人民出版社1959年版，第444页。

斯托雷平反动时期开始以后,这种论战暂时沉寂了一段。第一次大战的爆发,把国家与革命这个紧迫的政治问题再一次以更加尖锐的形式摆在各国无产阶级面前。这时,由于长期脱离俄国工人运动的实践,普列汉诺夫的思想异常僵化、贫乏,他除了简单地"拼命叫喊无政府主义"(列宁语)之外,再也拿不出任何像样的论据来对抗布尔什维克根据当前社会阶级对比关系和具体特点提出的各项战斗任务和策略口号。

篇幅不允许叙述整个这场论战的内容和过程,我们只限于说明以下的看法。

正是同普列汉诺夫这种长期的论战,为列宁深入地理解和科学地整理散见在马恩著作中关于国家学说的许多珍贵思想,并把它们加以概括、发挥,组成完整的严密的体系,为最后写出《国家与革命》这部划时代著作,提供了巨大的、坚实的基础。可以毫不夸大地说:几乎整本《国家与革命》,从初版序言到正文最后一段,矛头都是直接或间接针对普列汉诺夫的。

总而言之,在无政府主义批判这个问题上,同样可以看出列宁和普列汉诺夫的关系是"青出于蓝而胜于蓝"的关系。普列汉诺夫的无政府主义批判当然不能同马恩或列宁的批判相比。无论就思想的广度和深度,就当时所起的作用和以后的历史影响而言,二者都是不能相提并论的。在马克思主义的无政府主义批判史上,《无政府主义和社会主义》远远够不上一大章,然而它毕竟还应当占一小节,并且是联系马恩到列宁的中间一环。无论从肯定的意义上说,还是从否定的意义上说,我们都应当作如是观。列宁正是继承了普列汉诺夫的遗产,吸收他批判无政府主义的精华,摒弃其错误,在新的历史条件下,以马恩思想为指导,主要凭借俄国革命的丰富经验,在国家与革命这个要害问题上,把无政府主义批判推进到一个崭新的阶段。

现在我们谈谈二十世纪五十—七十年代苏联几位研究普列汉诺夫哲学思想的著名学者对《无政府主义和社会主义》一书以及一般来说他对无政府主义的批判的评价。

当时苏联文献论到此书时通常都要援引列宁《国家与革命》第六章第一节中如下一段话:

> 普列汉诺夫很巧妙地论述这个题目,对反对无政府主义的斗争中最现实、最迫切、政治上最重要的问题,即革命对国家的态度和一般关于国家的问题完全避而不谈!他的这本小册子可以分为两部分:一部分是历史文献,其中有关于施蒂纳和蒲鲁东等人思想演变的宝贵材料;另一部分是庸俗的,其中有关于无政府主义者与强盗没有区别这样拙劣的议论。……但是在谈'无政府主义和社会主义'时回避整个国家问题,不理会马克思主义在公社以前和以后的全部发展,那就必然会滚到机会主义那边去。①

列宁这些话当然正确。但是正确的话也要正确理解和正确解释。某些苏联学者的解释就不能认为是完全正确的。例如福米娜、恰金和萨谢理雅的观点就是如此。

---

① 《列宁全集》,第 25 卷,第 462—463 页。

首先，把列宁这段话了解为对《无政府主义和社会主义》一书的总评价，像一些苏联学者所做的那样。列宁为了在国家与革命的问题上彻底批判普列汉诺夫的机会主义思想，于是追源溯流，从《无政府主义和社会主义》中找出他"完全不懂马克思的学说"的"萌芽"①，因此写下了"普列汉诺夫与无政府主义者的论战"这一节光辉文字。在这里，他既没有评价这本小册子历史上起过什么作用，也没有分析它的理论价值，更没有谈论它和自己著作的关系。而这些内容却是全面评价《无政府主义和社会主义》一书时绝对不可或缺的。

其次，怎样理解列宁所说的"历史文献"的部分？能不能像福米娜那样，仅仅解释为"阐述了无政府主义学说历史发展（简短地评述了施蒂纳、蒲鲁东和巴枯宁的观点体系），并且考察了科学社会主义与空想小资产阶级社会主义的区别"，而把"批判无政府主义者对政治、对议会斗争、对争取八小时工作日和在资本主义范围内改善无产阶级状况的其他改革的斗争所抱的否定态度"归为"庸俗"的第二部分呢②？不能。细心的读者只要把普列汉诺夫关于后面这些问题的观点同列宁在《无政府主义和社会主义》提纲③、《社会主义和无政府主义》一文④，以及其他著作中有关论述比较一下，就可以清楚地看出二者之间的一致性。普列汉诺夫批判蒲鲁东、巴枯宁、克鲁泡特金、邵可侣等人的这些观点时引证了他们

---

① 《列宁全集》，第 24 卷，第 30 页。
② 参见福米娜：《普列汉诺夫的哲学观点》，第 125 页。
③ 《列宁全集》，第 5 卷，人民出版社 1959 年版，第 294—297 页。
④ 《列宁全集》，第 10 卷，人民出版社 1958 年版，第 51—53 页。

自己的许多"历史文献",正确地批判了他们的错误。所以,决不可以认为这些批判是"庸俗的"。因为正是这些文字构成该书的"精华",它们不仅在该书发表后的十多年内沉重打击了西欧和北美泛滥的无政府主义思潮,而且在二十世纪二十年代无政府主义这股反动逆流在俄罗斯大地上重新泛起时曾促使列宁急令苏俄政府主管出版事务的官员邦契·布鲁也维奇马上重印小册子《无政府主义和社会主义》,认为它是应当时急需的批判无政府主义的思想利剑。

第三,我们也不能像恰金那样,把上述"所有这些批判",甚至把普列汉诺夫对无政府主义者要求"一天之内"消灭国家、拒绝任何国家的批判通通算作"绝对的理论珍品"[①]。因为根据列宁的《国家与革命》我们知道,普列汉诺夫的这些批判带有很大的局限性。普列汉诺夫不懂得对议会制的批评可以有各式各样,有无政府主义的批评,也有马克思主义的批评,而把"对议会制的任何批评"都说成是"无政府主义"[②]。普列汉诺夫对无政府主义者要求"废除"国家的批判也有很大的片面性。普列汉诺夫独一无二地、未有任何解释地从《社会主义从空想到科学的发展》一书引证的那段思想及其内容丰富的话[③]中,只有与无政府主义"废除"国家的学说不同的国家"消亡"这一点才被他当成真正的社会主义思想接受下来了[④]。普列汉诺夫没有看出,马克思主义和无政府主义的

[①] 参见恰金:《普列汉诺夫及其在发展马克思主义哲学中的作用》,1963年俄文版,第104页。

[②] 《列宁全集》,第25卷,第409页。

[③] 参见普列汉诺夫:《无政府主义和社会主义》,王荫庭译,三联书店1980年版,第56页。

[④] 《列宁全集》,第25卷,第382—388、471页。

共同点是：都认为废除国家是目的。尽管他在引证恩格斯上述一段话时说了一句："现代科学社会主义在说明国家的历史起源时，正是根据这个理论指出国家未来消亡的条件的"①，但是他既未能如实地介绍马克思关于国家起源和资产阶级国家历史演变的学说，也未能具体地说明"完全消灭国家"的"条件"②。恰恰相反，普列汉诺夫后期的政论充分地暴露出：他正是在这些问题上犯了严重的错误。

第四，人们在引用列宁评价《无政府主义和社会主义》一书两部分的上述文字时，对紧接下来的一段同样十分重要的话照例不予理会，这是很不恰当的。

列宁的话如下：

> 这两部分的结合，不但十分可笑，而且足以说明普列汉诺夫在俄国革命前夜以及革命时期的全部活动：在1905—1917年，普列汉诺夫真是这样表明自己是在政治上充当资产阶级尾巴的半学究、半庸人。③

1905—1917年间，普列汉诺夫在许许多多策略问题上犯了一系列严重的错误，诸如：对待临时革命政府的态度，对待自由资产阶级的态度、对待武装起义的态度、对待国家杜马和立宪会议的态

---

① 参见普列汉诺夫：《无政府主义和社会主义》，第56页。
② 《列宁全集》，第25卷，第471页。
③ 同上书，第462页。

度,等等。所有这些错误都可以归结为一个共同的理论根源,就是:他"完全不懂马克思的国家学说"(列宁的着重号)。而这种不懂恰好最清楚地暴露在他对"无政府主义"的了解和批判上面。因为他一直不断地指责布尔什维主义是"无政府主义"。而布尔什维克所有这些策略观点都牢固地直接建立在列宁主义的国家学说的基础上,虽然列宁的国家理论只是到《国家与革命》问世才得到最系统最全面最概括最深刻的表现。这样,普列汉诺夫的错误国家观这一本质就突出地表现在他对无政府主义的错误理解这个现象上。因此,如果不弄清楚普列汉诺夫孟什维主义时期的错误策略思想如何体现了他的错误国家观,就不可能正确地判断这种国家观在《无政府主义和社会主义》中有哪些"萌芽"以及这些"萌芽"的程度,也就不可能全面正确地评价《无政府主义和社会主义》这本小册子。这一点,不少苏联学者似乎都忽略了。

例如萨谢理雅就是如此。她写了一本很有价值的书,题为《修正主义反对无产阶级专政学说》,其中对普列汉诺夫的国家观提出了不少中肯的批评。但她错误地认为:"普列汉诺夫的整个国家学说,只有在分析他对无政府主义者所采取的态度之后,才能看出一个十分明显的轮廓。……在他的第一部马克思主义著作《社会主义与政治斗争》中所提出的关于如何区分马克思主义者与无政府主义者的看法,特别是他对于'全民政府'的见解,彻底暴露了他的国家学说的全部实质。"[①]我们不打算详细批评这种说法,只想在

---

① 参见〔苏联〕萨谢理雅:《修正主义反对无产阶级专政学说》,陈安、田锡宋译,三联书店1962年版,第200页。

这里指出两点。第一,我们不否认,和普列汉诺夫早期的其他著作一样,《社会主义与政治斗争》也有后来错误国家观的"萌芽",但毕竟只是"萌芽"。而且这种"萌芽"和《无政府主义和社会主义》一书的"萌芽"相比(不是就整个其他早期著作和《无政府主义和社会主义》相比,而是就单篇的相比),总的来说或许还要更小。它们绝对没有"彻底暴露他的国家学说的全部实质"(着重号是笔者加的)。要知道,列宁曾经把此书比作俄国的《共产党宣言》。如果萨谢理雅的说法成立,列宁的著名论断就有被推翻的危险。第二,不管我们怎样深入地全面地"分析他对无政府主义者(真正的无政府主义者)所采取的态度",我们仍然无法对"普列汉诺夫的整个国家学说""看出一个十分明显的轮廓",因为正如列宁所说,普列汉诺夫在谈"无政府主义和社会主义"时(早期其他著作中也是如此,只是程度不同而已)回避了整个国家问题。在问题被回避的地方是很难看出轮廓的,更看不出"十分明显的轮廓"。如果一定要看出轮廓只有按照列宁的指示:分析他在1905—1917年的全部政论,特别是攻击布尔什维主义是"无政府主义"的那些政论。舍此别无他途。走完了这一步,然后回过头来探源溯流,分析他早期著作中各种错误的国家观,也许才能真正看出"十分明显的轮廓"。

总而言之,只有根据列宁从早期到晚期对无政府主义的全部批判,才能正确评价普列汉诺夫这本小册子的所短和所长、价值和糟糠。

1979年11月初稿于武汉
2016年2月修改于南京

附记一：

本书俄译本前面部分曾经普列汉诺夫本人校阅，并收录于《普列汉诺夫遗著》俄文版第 8 卷第 1 分册。中译本这部分和法文版序言即根据《普列汉诺夫遗著》译出。正文其余部分则按照《普列汉诺夫全集》俄文版第 4 卷中未经著者校阅的俄文版译出。翻译时参考过英译本。

本书是 1964 年译者在人民出版社做临时翻译工作时翻译的，1980 年由三联书店出版。人民出版社资深编审吴国英先生除了依据上述版本，还参考了 1923 年出版的法文本，做了适当修改。两篇德文版序言按《普列汉诺夫全集》俄文版第 16 卷译出。经普列汉诺夫校阅的德文第三版序言及其长段落注释则根据《普列汉诺夫遗著》译出。

此外，《普列汉诺夫全集》第 16 卷中还有下列两篇批判无政府主义的书评，也一并作为附录收入本书：(1)《无政府主义理论家埃利泽·邵可侣》（原载《现代世界》杂志 1906 年第 9—10 期）；(2)《无政府个人主义者》（原载《现代世界》杂志 1908 年第 9 期）。收入附录的还有《实力与暴力》译文（译自《普列汉诺夫全集》俄文版第 4 卷）。

书中引用的马克思和恩格斯的论述，均按照普列汉诺夫的译文译出，同时注明《马克思恩格斯全集》中文第一版的卷次和页码，以方便读者查考。

附记二：

1979 年夏，人民出版社马列组资深编审吴国英先生来信说，《无政府主义和社会主义》译稿已发排，问我是否能为该书写一个

"译序"。我立即着手收集资料准备写作。遗憾的是由于我的疏忽,没有马上回信表示应承。等到初稿刚写成就收到吴编审寄来的译稿清样和他以编辑部名义撰写的"译序"。我只好把自己写的"译序"放下,没有寄出。之后四五年,忙于写作一系列为普列汉诺夫平反的翻案文章和专著《普列汉诺夫哲学新论》,就把此稿搁下了。以后三十年竟致完全忘记了它的存在。

2016年1月,《南京政治学院学报》主编何怀远将军来家探望,顺便向我约稿。长期以来我患黄斑变性等眼疾,这几个月病情越来越严重。看书报标题大字尚可,看正文小字就很吃力,要写作需要查阅文献则多有困难。此时偶然在旧稿堆中发现了这篇文章。复读以后,觉得内容尚可一用,遂略加修改交给了编辑部。随后就刊登在《学报》2017年第1期上,题目为"评《无政府主义和社会主义》"。不久,商务印书馆哲社室主任告知商务同意再版《无政府主义和社会主义》。于是,又将此文移作该书的"译者序言"。

这就是这篇"译序"写作、发表的始末。

附记三:

上个世纪七十年代末写成的这篇文章,完全是以列宁的观点为依据。

2018年6月于成都

目　　录

未发表的法文版序 ··· 1

德文第二版序 ··· 3

德文第三版序 ··· 5

无政府主义和社会主义 ····································· 12

  一、空想社会主义的观点 ······························· 12

  二、科学社会主义的观点 ······························· 22

  三、无政府主义理论的历史发展 ························· 30

      无政府主义的观点 ······························· 30

      麦克斯·施蒂纳 ································· 31

      蒲鲁东 ··· 43

      巴枯宁 ··· 63

      徒子徒孙们 ····································· 81

  四、所谓无政府主义者的策略。这种策略的道德 ··········· 100

  五、结论　资产阶级、无政府主义和社会主义 ············· 113

附　　录

无政府主义理论家埃利泽·邵可侣 ··························· 121

无政府个人主义者 ··· 159

实力和暴力 ··· 167

普列汉诺夫生平简介 ······································· 179

未发表的法文版序①

最近几个月来,瓦扬②、艾米尔·昂利③、列奥提叶等人的"宣传"言论重新把法国和文明世界其他各国公众的注意力吸引到无政府主义者的所谓策略上来了。让·格拉弗④案件迫使人们谈论他们的所谓理论。

不过这种现象倒很值得重视。当法国政府十分严厉地惩办那些并非徒托空言地主张"用行动作宣传"的"同伴们"的时候,这个国家里的报刊却以极大的尊敬口吻谈论无政府主义者的"理论"著作。格拉弗那本今后会著名、其实很可怜的小册子《垂死的社会和无政府状态》,被人说成是"社会哲学著作",说成是内容深刻的作品,而它的作者则被认为是一位智力很高、可惜离开正路的人。只有一些社会主义者在谴责法官和警察的热心活动的同时继续用不

---

① 本文译自《普列汉诺夫遗著》,俄文版第 8 卷第 1 分册,第 149 页。——译者
② 奥古斯特·瓦扬(August Vaillant),无政府主义者,狂热分子,1893 年 12 月 9 日,由于警方的挑拨,把炸弹投入法国议会,后被判处死刑。——译者
③ 艾米尔·昂利,无政府主义者,1892—1893 年进行了一系列恐怖活动。——译者
④ 让·格拉弗(Jean Grave,1845—1919),法国无政府主义理论家。十九世纪八十年代进行无政府主义宣传。1893 年出版了他的重要著作《垂死的社会和无政府状态》,因而轰动一时,并于 1894 年 2 月以该书唆使民众作奸犯科等罪名被控入狱。——译者

太尊敬的态度看待无政府主义者的理论和像格拉弗这号"思想家"的智力。这种区别是什么原因引起的呢？难道社会党在评价优秀的精神食粮方面比文明的和先进的资产阶级更没有远见、更没有能力么？人们常常说，"同伴们"是社会党的左翼，社会主义者和无政府主义者是一家人，可惜这个家庭由于内部争执而分裂了，这是工人阶级的不幸，也是它的幸运。这些互相敌视的情感好像妨碍社会主义者用公正的态度对待敌视自己的这些朋友。

很多人都这样议论。但是他们大错特错了。这本小册子的目的就是要尽量消除这种极端错误的看法。我们力图说明，如果资产阶级顶多只有一个真正有力的论据即 *Guillotine*① 对付无政府主义者，如果资产阶级代表人物之间只有一个德勃列先生能够出来同他们论辩，那么现代社会主义者所采取的观点可以轻而易举地揭露无政府主义"理论"的毫无根据，并且像摧毁儿童的小纸屋一样摧毁这种理论。

---

① 断头台。Guillotine，法国一议员名，主张废止斩首，用一种机械来执行死刑，断头台即因他而得名。——译者

德文第二版序

1894年2月,柏林《前进报》(*Vorwärts*)图书出版部约我写一本论无政府主义的小册子。当时的无政府主义由于"用行动作宣传"引起整个文明世界的注意。手稿最初是用法文写的,爱·伯恩施坦把它翻译为德文。很快这本小册子被译为意大利文,爱琳娜·马克思又把它译成了英文。我从后者那里得知,我的永志不忘的导师弗里德里希·恩格斯曾热心地帮助过这本小册子的出版。后来,出版社会民主主义报纸《青年社会党人报》(*Jeunesse Socialiste*)的同志们登出了法文原作。此外,这篇文章还用其他欧洲语言刊行过。

由此可见,社会民主党方面抱着令人愉快的同情态度接受了这部著作。无政府主义者对它的态度就不一样了。他们至今还不厌其烦地硬说我对无政府主义理论的了解是错误的,我对他们的实际活动的评价是造谣中伤。可是他们到现在还拿不出证据说明他们的武断是正确的。因此我没有理由改变自己对无政府主义的看法。我和从前一样深信,在理论方面,无政府主义建立在空想主义的基础上,而在实践方面,则对无产阶级的解放斗争发生着恶劣的影响。在阿姆斯特丹代表大会最后一次会议上,万-科尔表示过这样的观点:无政府主义者是我们最凶恶的敌人。自然,应当cum grano salis① 接受这种说法。因为直接而且公开地保卫资本主义的人，比起无政府主义者这种间接保卫资本主义的人来，无论如何不会是更少敌意的势力。但是，毫无疑问，无政府主义者是我们最不可调和的敌人。因此我们有义务任何时候也不忽略我们和他们之间的这种对立性，以免重犯弗里德列尔格博士在批判议会主义时所犯的错误：他在这个批判中有时接近了无政府主义者的观点。凡是认为可以在工人运动中找到同无政府主义者进行合作的共同基础的想法，都是不可饶恕的错误。

　　最后，我好像记得有这么一个笑话。1894 年，也就是我这本反对无政府主义的著作问世的那一年，我被当作无政府主义者驱逐出法国……"de la défense républicaine"② 的政府至今还没有找到足够的理由撤销对我的这项驱逐"令"。

1904 年 9 月 14 日于日内瓦

---

① 别有意味地。——译者
② "保卫共和国人民"。——译者

德文第三版序[①]

　　这本小册子是1894年写的。它身上带有用行动作宣传的风气甚嚣尘上的那个时代的痕迹。既然这种宣传对工人运动十分有害,不仅在最猖狂地付诸实行的地方如此,即使在口头谈论的一切地方也是如此,那么在论无政府主义的小册子中我自然不能保持"不偏不倚的"观察者平静的语调。我十分严厉地批判了无政府主义者的策略。现在人们几乎都不谈"用行动作宣传"了,如果我今天再来写这本小册子,它的语调就会写得比较平静得多。

　　虽然如此,我现在并不觉得必须缓和自己当时的语气,因为这样会造成很坏的误解。无政府主义者可能会认为我改变了自己对无政府主义的看法。我什么都没有改变,而且也不会改变。无政府主义者的策略和无政府主义者的道德现在和过去一样,应当受到严厉的谴责。如果说它们现在引起的愤慨比较小,那只是因为它们的实际表现少一些。而这无论如何不能说明它们是有益的。恰恰相反,这种情况证明我们社会民主党人是正确的,因为我们曾经肯定地认为它们坚持不下去。我在这本小册子的第78页上说过:在一个不存偏见的人看来,很难说谁是无政府主义者,谁是强

[①] 1911年柏林第三版。——译者

盗，我还补充说过："因为有不少的人同时既是'强盗'又是'无政府主义者'，这个问题就更难解决了。"

这句话是不留情面的，也许我现在会说得不同些。但是我现在要说的本质上还是一样。在1894年，为了证实我的这个看法，我举了已故的埃利泽·邵可侣作例子。虽然邵可侣不肯完全赞同著名的强盗拉瓦绍利的行动，但是他终究把拉瓦绍利算作"具有罕见的精神品质的英雄"，并且赞美"他英勇果敢、心地善良、精神伟大"。对于这个说法，我曾经讽刺地指出过："公民邵可侣很怀疑，因之不可能有信心说：谁是他的同伴，谁是强盗"。读者会同意我的说法：在这个场合下不可能有更辛辣的讽刺了。然则我们现在看见什么现象呢？今年5月29日那一期的无政府主义周报《解放者》(Le Libertaire)上登载了著名的无政府主义者艾米尔·昂利写的一篇《思想》。昂利在这篇文章里说道："如果在现代的社会里，人变成认识到自己的行动的叛乱者（拉瓦绍利就是这样的人），则这种情况之所以发生，是因为他在心里做了痛苦的批判工作，而由此得出的结论具有一种有命令意味的力量，只有由于胆小怕事才会避开这些结论。他自己斟酌，他自己决定，他是否有权利怀恨和做野蛮人，甚至做野兽。"《解放者》周报编辑部不加任何按语地引用这些话，这就证明，它同意这些话的内容，而且在对待拉瓦绍利的态度上，他甚至没有埃利泽·邵可侣曾经感觉到的那种信心。

这家无政府主义周报的编辑部称拉瓦绍利为著名的叛乱者，而且因此认为他是自己的同伴。难道我就没有权利说，现在，公元1911年夏天，也和1894年一样，有一些无政府主义者不仅不知道,而且"故意"不愿知道谁是他们的同伴,谁是强盗?

其次,我在1894年写过,无政府主义者的真正的道德——这就是称孤道寡的帝王的道德:"sic volo, sic jubeo!"("朕之所欲,朕令行之!")《解放者》周报编辑部不加按语地转载我引证的艾米尔·昂利的这些思想,这个事实说明什么问题呢?它说明,在编辑部看来,像拉瓦绍利这样的"著名的叛乱者"有权利为所欲为,因为他本人就是自己的行动的评判者,因为他是特种的超人。难道我就没有权利说,现在,公元1911年夏天,也和1894年一样,有这样一些无政府主义者,他们的道德和专制君主的道德并无两样么?

如果我现在用冷淡的鄙视口吻再次重提十七年前我怀着愤怒的心情写到的同一件事,那只是说明(正如我已经说过的),无政府主义者的道德和无政府主义者的策略正在日益丧失自己的迫切意义和日益退出历史舞台。

无政府主义者正在奄奄一息,不过它还没有寿终正寝,还不能用拉丁谚语对它说:"aut bene aut nihil"("要么说好,要么什么也不说")。对于这种垂死的东西,我们没有权利沉默不语。除了也许偶尔有个别很可尊敬的人由于误会而变成无政府主义者这样一种情形以外,我们对它就不会说任何好话。对于垂死的无政府主义,我们没有权利沉默不语。因为第一,无政府主义用试图抢劫蒙特勒的银行这样的行动(斯托雷平政府硬说这是俄国革命者干的,其实这种行动给反动的俄国政府做了一次功德无量的效劳),绝对无可怀疑地证明了:它毕竟还是有影响的。此外还因为它在西欧"革命"工团主义中间找到了自己的继承人。

大家知道，在拉丁语区诸国，特别是在法国和意大利，"革命的"工团主义①是有力量的。因为只要实际上形成一种相当薄弱的流派，一般就可以说它是有力量的。不过正是在那里，成为工团主义理论家的，不是过去的无政府主义者，就是很快地倾向于无政府主义并且放弃自己从前的或多或少的社会主义立场的人。例如，意大利人亚·拉布里奥拉②在他的《巴黎公社，由八篇讲稿汇编成的论文集》（卢加诺，1907 年）一书中断然说，在他看来，蒲鲁东主义"是完善的和正确的无产阶级社会主义理论"（una perfetta e precisa teoria del socialismo proletario）。他补充说，现代的工团主义在很大的程度上是对蒲鲁东主义的复归。拉布里奥拉还不肯最后同马克思断绝关系。所以他在另一个地方要求我们大家都回到"没有提出普选权和议会制度"的马克思那里去，回到"1848 年和 1871 年的马克思"那里去。没有必要来证明，马克思早在 1847 年就在《哲学的贫困》（Misère de la Philosophie）中给了蒲鲁东以毁灭性的批判，他不可能在一年以后认为蒲鲁东主义是"明白的、确定的和完善的无产阶级社会主义理论"。不过在任何"倾向于无政府主义的理论家"看来，没有提出普选权和议会制的马克思却会提供很大的便利，使人在"革命"策略领域内有一定的自由从

---

① 革命的工团主义产生于法国。法国人把工会叫作"工团"（syndicat）。syndicalisme（工团主义），意思也就是工会主义。不过工团主义者所谓的工团主义，和一般的工会主义不同，为了区别，他们常在"工团主义"一词前面加上"革命的"。——译者

② 亚·拉布里奥拉（Arturo Labriola，1875—?），意大利无政府工团主义运动的首领之一，他企图给自己的所谓"革命的工团主义"纲领贴上马克思主义的标签，从而"修正"马克思主义。——译者

事幻想。

"革命的"工团主义的策略,很像过去无政府主义的策略。在"革命的"工团主义的策略中,谋杀虽然不占地位,过去无政府主义者的组织叛乱的政策却仍然起着很大的作用。组织叛乱是"无政府主义者用行动作宣传"的最重要的形式之一。

就连"革命的"工团主义者如此乐意地使之同"议会主义"对立起来并且公开宣布是解放工人阶级最现实的手段的那个总罢工,在他们的演说和小册子中,都同无政府主义者的叛乱有着可悲的类似性。最后,"革命的"工团主义者在批评议会主义时使用着过去无政府主义者的论据,这些论据最主要的特点就是脆弱得令人吃惊。这是先天的属性,而随着无产阶级政治认识的提高和无产阶级政治组织的扩大,这种属性就表现得越来越清楚。

为了使德国的读者能够判断"革命的"工团主义同过去的无政府主义密切的血缘关系,我们提一提 1897 年 4 月 3 日维克多·格里菲尤埃里斯在巴黎国际工团主义者代表会议上发表的一篇演说。在这篇演说中,当时"劳动总同盟"("Confédération générale du Travail")的这位书记给自己提出了一项任务:说明法国工团主义的主要特点在什么地方和为什么它引起其他各国无产者的注意。为了达到这个目的,他把"法国工人阶级和德国工人阶级"作了一番比较。在他看来:"德国有大量工会会员,法国则有工团主义这个概括和说明工人阶级全部活动的理论"。实际情形也是这样:德国有强大的工会,法国没有这样的工会,而有工团主义的理论。凡是没有被这套理论弄得晕头转向的人,都会毫不动摇地承认,在这方面,德国的情况比法国的情况好得无法比拟。其次,格里菲尤埃里斯所作的这番比较,倒像对法国的一种尖锐的批评。而他却认为这是自己祖国的优点,还一片好心地力图向自己的听众说明,不幸的德国怎样走到了可悲的境地。

他说:"德国工人不知道自由批评的自由精神,这种精神是我们的特点,德国工人始终受到恐惧和恐怖的束缚。由于精神上的压力很重,因此他们在行动上也受到很大的约束,而且动作迟缓。"反之,法国工人则"以勇敢独立著称。它无所畏惧。它不承认任何权威,它决没有诚惶诚恐的感觉和任何崇拜名位的作风。"在结论中,格里菲尤埃利斯劝告自己的听众不要过多地醉心于沉思,因为"凡是过于沉思的人,任何时候都犹豫不决",而且"始终不可能预见任何事变"①。

所有这种空谈都是从巴枯宁那里搬来的。和所有的空想社会主义者一样,无政府主义者也是从抽象的原则出发得出自己的结论的。他们的原则是个人绝对自由。为了捍卫这条原则,他们弄到胡说八道的地步。不过他们至少还是忠实于自己的出发点的。反之,"革命的"工团主义则根本不彻底。它一方面向无政府主义者的个人绝对自由的原则卖弄风骚,同时却用"服从你的工团的决定"的绝对命令来代替"你爱怎样干,就怎样干吧"这个无政府主义者的格言。它同意无政府主义厌恶一切法律的态度,同时却要求(即使只用自己的行动要求)有一些法律来保卫工人阶级的利益。1906年巴黎的革命工团举行了拥护关于星期日休息的法律的示

---

① 《工团主义和社会主义》(Syndicalisme et socialisme)(收入《现代社会主义文库》),法文版,第55—58页。——作者

威运动。他们的口号是:"Vive la loi!"("法律万岁!")①生活的逻辑本身所决定的这种不彻底性,明显地证明作为今天"革命的"工团主义学说的基础的无政府主义理论是毫无根据的。为了保存对工人运动进程的一点点微末的影响,同情这个理论的人不得不在每一个个别场合都对这种理论作些修改。

---

① 不错,意大利的工团主义者们在1907年斐拉拉代表大会上通过了一项决议:关于劳动保护的立法对无产阶级说来不仅无益,甚至还是有害的。然而意大利的革命的工团主义正在日益变成真正的无政府主义。——作者

无政府主义和社会主义

一、空想社会主义的观点

大家知道，十八世纪的法国唯物主义者在进行不可调和的斗争以反对压制着当时的法国的"卑劣的东西"的时候，没有忽视过研究他们所谓完善的立法，即没有忽视过从一切可能有的立法中探索出最好的立法。这种立法会使全体"人类"得到最大的幸福，并且可以适用于任何现存社会，因为它是完善的，因而也是"最自然的"立法。"完善的立法"领域内的漫游，在霍尔巴赫和爱尔维修的著作中占着相当大的位置。

另一方面，十九世纪上半叶的社会主义者抱着极大的热忱和罕有的坚毅精神，力求从一切可能有的社会组织中发现一种最好的社会组织，即完善的社会组织。这个突出的特点是他们和十八世纪法国唯物主义者共同具有的。而且这个特点在这里应当首先引起我们的注意。

为了解决完善的社会组织问题，或者说——意思是一样的——一切可能有的立法中最好的立法问题，我们当然必须有一条批判的标尺，以便把各式各样的"立法"作一番比较。而这种标准应当具有完全特殊的性质。事实上,这里所说的并不是只在相对的意义上的最好的立法,即不是一定条件下的最好的立法。决不是的。我们应当发现一种绝对完善的立法。这种立法的优越性完全不会随着时间和地点的情况而改变。因此我们不得不撇开历史。因为历史中一切都是相对的,一切都以这些情况为转移。然而如果我们忽视历史,那么我们还剩下什么东西可以作为我们研究"立法"时的指导线索呢?我们剩下的是人类、一般的人、"人的本性",而历史的内容就在于人性的逐渐发现。所以,这就是我们的非常确定的标准。最适合于人性的那种立法,是一切可能有的立法中最好的立法。即使掌握了类似的标准,我们也很可能由于缺乏"文化修养"和逻辑修养而不善于解决最好的社会的问题;因为人难免犯错误。不过完全不容争论的是:这个问题是可以得到解决的,只要我们很好地知道人的"本性",我们就很容易发现完善的社会组织。

法国唯物主义者在社会科学方面的观点就是如此。他们说过,人是一种具有理性和感觉能力的生物;他避免不愉快的感觉而寻求愉快的感觉。他有足够的理性认识什么对他有利和什么对他有害。当我们讨论最好的立法时,只要依据这些基本原理,我们就可以凭借推理和善良意志得出像用数学证明方式所得出的那样确切有据、那样无可争辩的结论。例如孔多塞①力图用演绎的方法,

---

① 孔多塞(Jean Antoine Condorcet,1743—1794)——法国大革命期间吉伦特派重要代表和思想家,也是一位学者、数学家和天文学家。参与过百科全书的纂修。他的一本基本著作《人类理性进步的历史概观》,发挥了人类随着知识的增长而进步的思想,他认为运用数学,特别是运用概率理论来研究社会科学中的各种问题有着特别重大的意义。——译者

从人是富有理性和感觉能力的生物这个简单的基本真理中引申出一切合理的道德命令。

几乎用不着再指出：孔多塞在这里犯了错误。如果"哲学家们"在研究的这个领域内得出了无可争辩的、虽然意义很有限的结论，那只是因为他们每一次都放弃了自己对"一般人性"的抽象的基本观点，转而采取了当时第三等级成员的多少美化了的人性观点，不过他们自己并未发觉这种情况。这种人是用很确定的、为其周围社会环境所决定的方式进行"感觉"和"思想"的。他的本性自然而然地保卫着资产阶级的所有制，追求代议制政体，追求自由贸易等等。这种人的"本性"大声地不断地喊道："laissez alles, laissez faire"①。事实上法国哲学家们经常考虑到他们可以清楚看到的第三等级的经济要求和政治要求；他们的实际标准也就在这里。不过他们是不自觉地利用了这一标准。他们只是通过抽象的领土，绕了很大一道弯之后才达到这个标准。他们的自觉的手段归根到底总是关于"人的本性"以及关于最符合这一本性的社会政治制度的抽象议论。

社会主义者当初也使用了同样的手段。十八世纪的儿子摩莱里②"为了预防无穷无尽的空洞的反对意见"，提出一个无可争

---

① "听之任之吧"。——译者

② 摩莱里（Abbe Morelly，生卒年不详），十八世纪法国空想共产主义最大代表。恩格斯指出，摩莱里的思想是正在形成中的现代无产阶级的先驱谋求解放的斗争的理论表现。他的主要著作是《自然法典》(1755 年)。其中描绘了未来共产主义制度的远景，它称这种制度是"符合于人性意愿的立法的范例"。这种"共产主义"带有禁欲主义和平均主义的性质。——译者

论的原则:"在道德现象的世界里,天性是唯一的、永恒的、不变的……自然规律不会改变",而且"凡是能够说明野蛮民族和文明民族的风尚有差别的一切事实,并不能证明天性是变化的;这些差别会证明,由于和这些差别无关的偶然情况,一部分民族违反了自然规律,另一部分民族受习惯所使而在某些方面仍然服从这些规律,最后,第三部分民族则根据某些不完全违反天性的合理法律而服从自然规律",——总之,"人离开了真理,但真理决不会不存在。"①

傅立叶依据对人的情欲的分析;罗伯特·欧文把对人类性格形成过程的某些论点当作出发点;表现出对人类历史发展有相当了解的圣西门经常回到人性论的观点上来,为的是要说明这种发展的规律,而圣西门主义者们则宣称,他们的哲学"建立在用新的观点来理解人类本性的基础上"。无论各派社会主义者互相间由于对人类本性的理解不同而怎样进行争论,他们都毫无例外地一致坚信,除了正确地理解这个本性以外,社会科学没有也不可能有别的基础。在这一点上他们和十八世纪的唯物主义者没有任何区别。无论在评价现存社会秩序时,或是在努力设计新社会组织时,他们都把人的本性当作一成不变的标准。

我们现在称摩莱里、傅立叶、圣西门、欧文和他们的继承者们

---

① 参见《自然法典》(*Code de la Nature*),巴黎,1841 年(维里哈尔德版),第 66 页注〔中译本参见商务印书馆 1959 年版,第 56 页注释。——译者〕。——作者

为空想社会主义者①。既然我们知道他们在社会现象领域中思维方法的主要特征,那我们就可以对什么是空想主义观点形成一个清楚的概念。这对我们会更有益处,因为使用"空想"一词而不把它同任何明确的概念联系起来,已经成为社会主义敌人的一种习惯。

凡是力求设计出一种完善的社会组织,而且在进行这种设计的时候用某种抽象的原则作为出发点的人,都是空想主义者。"人性"原则就是空想主义者进行研究时作为基础的这种抽象原则。

---

① 现时著名的威廉·汤普逊(威廉·汤普逊〔Thompson, William, 1785—1833〕,英国空想社会主义者、经济学家、欧文的信徒。——译者)也是这样的空想主义者,某些德国的和英国的著作家(孟格尔和福克索埃利*),还有随声附和的某些俄国马克思主义"批评家"(杜冈·巴拉诺夫斯基先生**),称汤普逊为科学社会主义的奠基人。他们认为,马克思袭用了汤普逊的剩余价值学说。汤普逊在自己那本大约写于1822年的主要著作《导致人类最大幸福的财富的分配原则之研究》(*An Inquiry into the Principles of the Distribution of Wealth most Conductive to human Happiness*)中研究的问题是:怎样分配财富可以使人得到最大的幸福。这种研究的出发点,就是从法国唯物主义者那里,而主要是从爱尔维修那里剽窃来的人性观念。至于所谓剩余价值起源和所谓剩余价值同工资的关系那个问题,则这方面我们在汤普逊的大部头的、照他自己看来并且很聪明的著作中所发现的东西,绝不比李嘉图《政治经济学原理》中的内容多。其次,汤普逊关于剩余价值的全部学说完全包括在李嘉图1815年十月十五日写给马尔萨斯的一封不长的信中,这封信载于《大卫·李嘉图致托马斯·罗伯特·马尔萨斯书信集(1810—1823)》(*Letters of David Ricardo to Thomas Robert Malthus, 1810—1823*),1887年牛津版。汤普逊当然不知道这本通信集。不过他很了解上面那本李嘉图的书。作为一个空想主义者,他没有超过、也不可能超过李嘉图的水平。——作者为俄译本补加的注释

* 孟格尔(Anton Menger, 1841—1906),奥地利法学家;福克索埃利,英国教授。——译者

** 杜冈-巴拉诺夫斯基(М. И. Туган-Барановский, 1865—1919),俄国资产阶级经济学家,在十九世纪九十年代是所谓"合法马克思主义"的代表人物之一,后来公开为资本主义制度辩护。——译者

不过，那些援引人性原则所派生的概念，间接地以这个原则为依据的人，也是空想主义者。例如我们在设计一种"完善的立法体系"、一种理想的社会组织的时候，可以拿人权概念作为出发点。但是很明显，这个概念或多或少是从"人性"这个基本概念中直接引申出来的。

同样明显的事实是：一个人可以做一个空想主义者，同时却根本不是社会主义者。十八世纪法国唯物主义者的资产阶级倾向，在他们关于完善的立法的议论中表现得特别清楚。但是这种情况一点也消除不了这些议论的空想性质。我们已经看到，空想社会主义者的手法和霍尔巴赫或爱尔维修这两个革命的法国资产阶级先进战士的手法毫无二致。

不仅如此！可以嘲笑任何"未来的美妙"，可以坚信我们幸福地在其中生活的现存社会制度是一切可能有的社会制度中最好的社会制度，——即使这样，还是可以用空想主义者考察"社会机体的结构和生活"时所用的那种观点来考察这种结构和生活。

这似乎是奇谈怪论，但是再没有比这更正确的说法了。举一个例子证明。

1753 年出版了一部摩莱里的著作，叫作《浮岛或著名的皮尔派的巴齐里阿达》(*Les Iles flottantes ou la Basiliade du célèbre Pilpal*，译自印度文）。当时有种叫《公正丛刊》(*Bibliothèque impartiale*)的杂志力图驳倒作者的共产主义思想，它的理由有这么一些：

"大家都非常了解，这一类最美妙的思辨和实现这些思辨的可能性之间有怎样大的距离；在理论上可以使想象的人适合一切制度，且以同样的热情促进立法者的愿望的实现；然而只要事情一转到现实世界中来，就必须考虑现实中的人，这种人脑筋迟钝，懒惰无知，或者醉心于任何一种强烈可怕的情欲。平等的方案乃是最违反人的性格的一种方案。人生来不是为了发号施令，就是为了俯首听命。"

人生来不是为了发号施令，就是为了俯首听命。因此我们在社会上看到主人和仆人是不奇怪的；这符合人的"本性"的要求。《公正丛刊》非常坚决地驳斥了"共产主义的思辨"，可是尽管如此，这家杂志用来考察社会现象的那个观点，即"人性"观点，无非就是空想主义者摩莱里的观点。

尽可以不对我们说：这家杂志的理由大概是不真诚的，它之所以援引人的"本性"只是因为想用某种什么方法巴结剥削者，即巴结那些发号施令的人。事实是：在批评摩莱里的时候，《公正丛刊》曾经——真诚地或者虚伪地——站在当时所有著作家共同的立场上：除了旧时代遗留下来的一些活着的幽灵仍然像从前一样地诉诸"神的意志"以外，他们全都求助于他们这样或那样理解的人性。

我们已经知道，十九世纪从自己的前辈手上继承了人性论的观点：空想社会主义者不知道别的观点。

以圣西门这个学识渊博的天才人物为例，就可以最明显地证明，这种观点有怎样的局限性，它怎样的不能叫人满意，它使所有持这种观点的人走进了怎样无法通行的矛盾的迷宫。

圣西门用最坚定的信心说："未来是由一条锁链的最后一些环节组成的，这条锁链的开端在过去。如果很好地研究过这条锁链的最初一些环节,那么确定以后的环节就容易了;因此,从很好地研究过的过去中很容易推出未来。"这是十分正确的。但是立即产生一个问题:根据什么理由把这个对历史发展各个不同阶段的相互联系了解得如此清楚的人算作空想主义者呢?不过只要你们进一步认识一下圣西门的历史观点,你们就会看到,把他称作空想主义者不是没有原因的。未来从过去中产生,人类的历史发展是一个有规律的变化过程。很好。但是使人的本性变化,推动它从一个阶段发展到另一个阶段的动因是什么,力量是什么呢?在这里圣西门又回到所有空想主义者的观点,回到人性论的观点上来了。例如他认为,法国革命的根本原因是世俗范围内和宗教范围内发生的力量的转移;而为了妥善地指导和实现这次革命,"必须使占优势的力量在直接的政治活动中找到出路",换言之,应当让"实业家"和"学者"创造一种政治体系来适应这个新的社会力量对比形势。人们没有做到这一点,因而开始时进行得很好的革命,很快就走上了错误的道路:"法学家"和"形而上学者"成了局势的主人。怎样说明这个历史事实呢?圣西门回答说:"人的本性原来就是通过错误的阶梯从一种学理过渡到另一种学理的。"这一法则在各种不同的政治体系中得到更多的应用,而文明的自然进程使人类必然会通过各种政治体系。由此可见,在工业中产生了预定要代替军事权力的新的世俗力量的因素,而在实证科学中产生了必定要占据从前宗教权力的地位的新精神力量的因素这同一个必然性,一定会(在社会制度的这种转变变得非常显著以前)发展和促进具有中间的、混合的和过渡的性质的世俗权力和精神权力,这种权力的唯一使命就在于实现从一种社会制度向另一社会制度的我们从这个例子看到,圣西门的"历史递嬗"实质上根本没有说明任何问题,它们本身是需要说明的,而为了说明这些递嬗还得求助于那个不可避免的"人的本性":法国革命走上了错误的道路,因为人的本性如此,等等②。

二者必居其一:或者人的本性是"不变的",像法国启蒙派和空想社会主义者所承认的那样,那时人的本性就丝毫不能说明历史(它向我们表明了人们社会关系中发生过一系列的变化);或者人性本身是依人们所生活的环境而变化的,那时它就决不能成为历史发展的原因、动力。法国唯物主义者非常清楚地懂得,人是他周围的社会环境的产物:爱尔维修说,"人完全依赖于教育"。也许在这里爱尔维修会放弃人性的观点,而研究环境发展的规律,因为环境决定着人性的特征,使社会的人受到这种或那种的"教育"。然而无论是爱尔维修,无论是他那时的其他启蒙派,无论是十九世纪

---

① 亨利·圣西门(Henri Saint-Simon):《论实业制度》(Du système industriel),巴黎,1821年版第52页〔中译本参见《圣西门选集》,下卷,第24页。——译者〕。——作者

② 同样情形,如果我们看到,在历史上,"有机"时期让位于"批判"时期,那么归咎起来,这也是由于人的本性的特点＊。很明显,这类观点一定要在以个人有机体的生活为一方和以社会为另一方之间做出许多虚构的比拟。孔德主义(对圣西门主义的资产阶级式的讽刺画)有极为丰富的这类比拟。同时圣西门本人也没有任何理由可以反对作这类比拟,例如参见他的《文学的、哲学的和实业的见解》(Opinions litt'eraires, philosophiques et industrielles),巴黎,1825年法文版。关于这些比拟,在《论一元论历史观之发展》一书中有详细的说明〔中译本参见1973年版,第31页以下、第52页以下。——译者〕——作者

＊ 圣西门把社会状况分为两种:有机时期,"人的一切活动都由一般理论所分配、规定和调节";批判时期,此时一切思想、行为的共同性都消失了。——俄文版编者

上半叶的社会主义者，也无论是当时官方学术界的任何代表，都没有发现出一种新的观点，可以用来研究给人以历史的"教育"并且制约着"人性"中发生的种种变化的那个社会环境是怎样发展的。正因为如此，他们大家都不得不求助于人性，把它当作科学研究多少提供了（至少他们觉得是提供了）一点坚固基础的唯一出发点。可是既然人性本身是变化的，那么他们就必然会忽略人性的变化，而力求找出它的固定的、基本的属性，即使人性的次要的、非本质的特点经常变动，这些属性还是存在的。因此，他们努力的结果，得到了一种极端含混的抽象概念，例如十八世纪法国启蒙派有一条原理说："人是富有理性和感觉能力的生物"。这条原理越是给一切没有根据的猜测和一切虚构的结论提供自由，它就似乎越是更珍贵的发现。

随便举个例子。就拿十九世纪上半叶一个对哲学并不外行的国家要人基佐的观点来说。基佐完全无意于发现有完善立法的最好的社会组织。他对现存的社会制度最满意不过了，至少在路易·菲利浦时代是如此。但是他能够用来保卫这个制度不受不满分子的攻讦的所有那些理由中最强有力的理由，仍然是我们如此熟悉的人性论。他说过，人性使得法国的社会结构和政治结构不可能发生任何根本的转变。反过来，不满分子谴责这一结构时所依据的还是同一个抽象概念。既然这个抽象概念是完全没有内容的，既然它（我们已经说过这一点）给一切没有根据的猜测以及从这些猜测中引申出来的逻辑结论提供了非常广阔的场所，所以，当时一切坚决的改革派的"科学"任务就采取了几何题目的形式：已知人的本性如此如此；求解怎样一种社会制度比所有其他的制度更适合于这种本性。例如,摩莱里痛苦地叹息说,"我们过去的导师们"没有提出过,也没有解决过下面的"重要的课题":"发现这样一种社会状态,在这种社会状态下,人几乎不可能堕落和道德败坏,或者至少是这样一种状态,在这种社会状态下人的罪恶将减少到最小程度。"我们已经看到,按照摩莱里的意见,人的本性是"唯一的、永恒的、不变的"[①]。

现在我们知道,空想主义的"科学方法"何在。在同空想主义者告别的时候,我们请读者记住,既然"人的本性"是内容十分贫乏的抽象概念,因之也是根据很少的抽象概念,则空想主义者所援引的,像十八世纪的启蒙派一样,事实上与其说是一般的人性,不如说是被他们美化了的、属于当时特定阶级的人们的本性,而空想主义者所表达的就是这些阶级的社会意愿。因此社会现实必不可免地表现在空想主义者的著作中。不过空想主义者并没有意识到这一点。他们只有透过虽然很贫乏然而始终很不清楚的抽象概念的棱镜才看见了这个现实。

二、科学社会主义的观点

伟大的德国唯心主义哲学家谢林和黑格尔很好地理解到"人性"观点的缺陷。黑格尔在他的《历史哲学》中嘲笑资产阶级空想主义者力求设计出一种一切可能有的政体中最好的政体。德国唯心主义把历史看成是有规律的过程,它不在人性之内而在人性之

---

① 参见摩莱里:《自然法典》,中译本,第41页。——译者

外寻找历史发展的动力。

　　这在研究现实生活方面是很大的一次进步。但是这两个唯心主义者以为,他们成功地在"绝对观念"中,在"世界精神"中找到了这种动力。而既然他们的绝对观念无非是人类思维过程的抽象,那么在自己的历史哲学的思辨中,他们就从后门放进了旧日法国启蒙派的女伴,即人的本性,不过她穿着适合于肃穆端庄老成持重的德国哲学界的服装。把空气从大门赶出去,它又会从窗口飞进来!尽管德国唯心主义者对社会科学做出了很大的贡献,但是社会科学的基本任务还是德国唯心主义者无法解决的,就像十八世纪法国唯物主义者解决不了这个任务一样。

　　使得人类历史向前运动的那个潜藏的力量是什么呢?这仍然是根本没有人知道的。在这方面只有多少稍微正确、多少稍微机智(间或很正确和很机智),但是相互间始终没有联系的个别的观察。

　　如果社会科学终于从这个死胡同里走出来了,那么这应当感谢卡尔·马克思。

　　马克思认为,法律关系如同国家形态一样,既不能从它们本身来理解,也不能从所谓人类精神的发展来理解;它们根源于物质生活条件;这种物质生活条件的总和,黑格尔按照十八世纪的英国人和法国人的先例,称之为"市民社会"。这几乎就是基佐所指的那个东西,因为基佐在自己的历史研究中说过,政治结构是在财产关系中生根的。不过在基佐看来,"财产关系"仍然是一个谜,他劳而无功地企图用人性论来解开这个谜。在马克思看来,这些关系本身并没有任何不可解的东西;财产关系是由特定时代特定社会拥

有的那些生产力的状况决定的。"市民社会的解剖,应当到政治经济学中去寻找。"且让马克思本人来表述他的历史观点吧:

"人们在自己生活的社会生产中发生一定的、必然的、不以他们的意志为转移的关系,即同物质生产力的一定发展阶段相适合的生产关系。这些生产关系的总和构成社会的经济结构,即有法律的和政治的上层建筑竖立其上并有一定的社会意识形式与之相适应的现实基础。总而言之,物质生活的生产方式制约着社会生活、政治生活和精神生活的过程。不是人们的意识决定人们的存在,相反,是人们的社会存在决定人们的意识。

社会的物质生产力发展到一定阶段,便同它们一直在其中发展的这个社会中现存的生产关系或用法律用语来讲,同财产关系发生矛盾。于是这些关系便由促进生产力发展的形式变成生产力的桎梏。那时社会革命的时代就到来了"①。

这种彻底唯物主义的历史观乃是我们这个如此富于科学发现的世纪中一个最伟大的发现。我们之所以要感谢这个发现,是因为社会科学最后地和永远地走出了它前此还在其中转来转去的迷宫;我们之所以要感谢这个发现,是因为这个科学现在有了和自然科学的基本原理同样可靠的根据。马克思在社会科学中所进行的革命,可以和哥白尼在天文学中所完成的革命相媲美。的确,在哥白尼以前,大家都认为地球静止不动,太阳绕地球旋转是无可争论的。这位天才的波兰人证明了:事情刚好相反。同样,在马克思以

---

① 《政治经济学批判》(Zur Kritik der politischen Oekonomie),序言〔参见《马克思恩格斯全集》,第13卷,第8—9页。——译者〕。——作者

前，人的本性被当作社会科学的出发点；一切说明人类历史发展的企图都是由这个观点出发的。这位天才的德国人的观点则完全相反：当人为了维持自己的生存而作用于外部自然界的时候，他同时就改变着自己固有的本性。人之作用于外部自然界，以一定的工具、一定的生产关系为前提；人们进入生产过程（无论毕歇尔①怎样对我们谈论野蛮部落的所谓个人主义，这个生产过程过去和将来永远都是社会的过程），即进入人们之间的这些或那些关系，是随他们的生产工具的特征为转移的。而他们的习俗、他们的情感、他们的爱好、他们的思维方式和行动方式，一句话，他们的本性，则随他们在社会生产过程中的关系而改变。所以说，不是人的本性说明历史的运动，而是历史运动使人的本性具有这种或那种形态②。

〔无论我们引证的《政治经济学批判》一书序言多么简短，还是应该称它是，而且将来人们一定会称它是任何未来的社会学的导论，如果它希望成为科学的话。而且这个导论就是现代科学社会

---

① 毕歇尔（Karl Bücher，1847—1930），德国资产阶级经济学家、政治经济学中历史学派的代表人物。以其国民经济发展图式而著名。对原始民族的经济很有研究。——译者

② 在俄国文坛上并非完全没有名气的切尔诺夫先生给自己选择了一门专业，就是对马克思进行最粗鲁的歪曲。他有一次在《俄国财富》上说过一个透彻的思想：别尔托夫说马克思不认为援引人的本性有任何科学意义，这种说法是不对的。为了启发启发这位先生，我们在这里引出马克思下面一句话："蒲鲁东先生不知道，整个历史也无非是人类本性的不断改变而已。"（《哲学的贫困》，法文第二版，第 204 页〔参见《马克思恩格斯全集》，第 4 卷，第 174 页。——译者〕）不可能说得更明白了；然而切尔诺夫先生甚至连这句话都不能了解，这是理所当然的。他究竟是切尔诺夫先生啊！——作者为俄译本补加的注释

主义的基础。]①

然而如果这是对的(事实上这就是对的),那么现时关于"完善的立法"、关于一切可能有的社会组织中最好的社会组织的所有或多或少机智的研究能够具有怎样的价值呢?一点价值也没有,根本没有价值! 它只能证明,还在从事这种研究的那些人缺乏科学修养。他们的时代已经一去不复返了。②

同旧的人性观点一起,一切色彩和一切种类的乌托邦照理都失去了任何意义。当代伟大的革命政党即国际社会民主党就不是依据对人性的"新观点",也不是依据任何一种抽象原则,而是依据可以用"自然科学精确眼光指明的"经济必然性。这就是我们党的力量之所在;这就是我们党之所以像经济必然性那样不可战胜的原因!

"成为资产阶级力量的基础的生产资料和交往工具,还在封建社会里面就已经有了。在这些生产资料和交往工具发展到一定阶段上,封建社会的生产和交换在其中进行的条件,封建的农业和制造业组织,一句话,封建的财产关系,就不能再同已经发展的生产力相适应了。这些关系已经不是促进生产而是阻碍生产了。它们已经变成了束缚生产的锁链。它们必须推翻,而且果然被推翻了。起而代之的是自由竞争和与自由竞争相适应的社会政治制度,即资产阶级在经济上和政治上的统治。现在在我们眼前又发生着类

---

① 方括弧内的这段话是普列汉诺夫校正手稿时补加的,同时还作了记号:"插入此处"。——俄文版编者

② 切尔诺夫(В. М. Чернов,1876—1952),俄国社会革命党的创始人和首领之一,在帝国主义战争时期是社会沙文主义者。他是苏维埃政权的死敌,是捷克斯洛伐克军团叛乱的参加者,白匪流亡分子。——俄文版编者

似的历史运动。现代的资产阶级社会,连同它的财产关系,连同它的生产组织和交换组织,曾经像魔术一样地造成了极其庞大的生产资料和交往工具,现在它却像一位魔术士那样不能再对付他自己用符咒呼唤出来的魔鬼了。几十年来的工商业历史,乃是现代生产力反抗现代生产组织,反抗那作为资产阶级及其统治的存在条件的财产关系的历史。要说明这一点,只要指出周期性的而且愈来愈危及整个资产阶级社会生存的经济危机就够了。

资产阶级用来杀死了封建制度的那个武器,现在却对准资产阶级自己了"①。

资产阶级消灭了封建的财产关系;无产阶级则要消灭资产阶级的财产关系。无产阶级和资产阶级之间发生着一场斗争,一场不可调和的斗争,这个斗争要一直进行到底,就像当年资产阶级和特权等级之间的斗争一样是不可避免的。"然而一切阶级斗争都是政治斗争。"为了消灭封建制度,资产阶级当时应当掌握政权。为了埋葬资本主义,无产阶级也应该要这样做。因此,它的政治任务是由事态进程本身的力量决定的,而不是由任何一些抽象的议论决定的②。

---

① 《共产党宣言》,格·普列汉诺夫的俄译本,"社会民主党"组织出版社 1900 年版,第 8—9 页〔参见《马克思恩格斯全集》,第 4 卷,第 471—472 页。——译者〕。——俄文版编者

② "共产党人并不是同其他工人政党相对立的一个特殊政党……他们并不提出什么想用以限制无产阶级运动的特殊的原则……共产党人的理论原理决不是以某一世界改革家所发现和确立的思想或原则为根据的。这些原理不过是当前进行着的阶级斗争的真实关系的总的表述,不过是在我们眼前进行着的历史运动的表现。"(《共产党宣言》,第 16—17 页〕〔参见《马克思恩格斯全集》,第 4 卷,第 479—480 页。——译者〕——作者为俄译本补加的注释

事实是很明显的:只有从卡尔·马克思时代起,社会主义才立足于阶级斗争的基础上。空想社会主义者对于阶级斗争没有一点明白的认识。而且他们在这方面落后于当时有学问的资产阶级理论家,这些理论家至少还懂得第三等级同贵族进行斗争的历史意义①。

如果说每一种对人性的"新观点"大致都对"未来社会"的组织作了很明白的指示,那么科学社会主义是非常吝惜作这类指示的。社会的结构依赖于社会生产力的状况。当无产阶级把政权掌握在自己手里的时候,这种状况将是怎样的呢?这是我们所不知道,也不可能知道的。我们现在所知道的只有一点,就是文明人类现有的生产力坚决地要求把生产资料收归社会所有和有计划地组织生产。这就足可以使我们在同"反动的一帮"作斗争时不犯错误。"所以,在实践方面,共产党人是世界各国工人政党中最坚决的、始终鼓舞大家前进的一部分;在理论方面,他们比其余的无产阶级群众更善于了解工人运动的条件、进程和一般结果。"②对于我们这个时代说来,1848年写的这些话只有一点不确切:即所谓"工人政党"离开共产党而独立。因为现在没有任何一个工人政党在或大或小的距离上可以不跟着"科学社会主义"走,或如《宣言》对"科学社会主义"的称呼那样,可以不跟着共产主义走。

---

① 关于这个问题详见我为拙译《共产党宣言》第二版所写的序言〔参见《普列汉诺夫哲学著作选集》,三联书店1962年版,第2卷,第512—570页。——译者〕。——作者为俄译本补加的注释

② 参见《马克思恩格斯全集》,第4卷,第479页。——译者

再说一遍：空想社会主义者的观点，正如当时所有社会科学的观点一样，乃是人性论的观点，或者是由此引申出来的任何一种别的抽象原则的观点。我们时代的社会学和社会主义则站在经济现实和有规律的发展的观点上。因此不难设想，不断重弹社会主义者的要求违反人性的老调的资产阶级理论家的理由，对现代社会主义者会产生怎样的印象。这种印象就和有人想从居维叶①的科学武库中借用一种武器来打击达尔文主义毫无二致。特别值得注意的是这样一种情况：这种陈腔滥调甚至于连赫伯特·斯宾塞之类的"进化论者"也念念不忘！有什么办法！法国有句谚语说，最漂亮的军官也不能比自己更漂亮②。③

现在我们且来看看现代社会主义同无政府主义可能有的共同点。

---

① 居维叶(Georges Cuvier，1769—1832)，法国生物学家，他在比较解剖学和古生物学方面曾有重大的发现，但他又坚决反对发展观念，维护形而上学的物种不变说。达尔文曾经利用过居维叶的一些重大发现来科学地论证生物界的发展观念。——译者

② 这句话在《普列汉诺夫全集》中译作"但是，自然，世间最漂亮的姑娘也不能把她所没有的东西给予人"。——译者

③ "不仅社会主义者，就连那些为社会主义者铺平道路的所谓自由派（这里说的是英国自由派）都以为，只要有相当的本领，就可以用很好的制度来纠正人类的缺陷。这是一个错误。无论社会组织得怎样，公民的恶劣天性总要暴露在这种天性所产生的坏的本能中。并没有一种政治炼丹术可以使铅的本能变成金的行为。"参见赫·斯宾塞：《个人与国家的对立》(*L'individu Contre l'Etat*)，巴黎，1888年法文版，第64页。〔一个进化论者应该要知道人和动物的"铅的本能"是从哪里来的。也许斯宾塞以为这些本能是人"生而具有的"么？那时还得问问自己，既然这个人深信例如我们的全部认识能力都是发展的结果，他怎么可以同时又抱这种看法呢？〕〔注末方括弧内的一段话是普列汉诺夫在校正译文时补加的。——译者〕——作者

三、无政府主义理论的历史发展

无政府主义的观点

"人们还责备我,说我是无政府理论的始祖。这对我是大大过誉了。无政府理论的始祖是不朽的蒲鲁东,他在1848年第一次叙述了这个理论。"

彼得·阿列克谢耶维奇·克鲁泡特金在里昂刑事法庭上发表的辩护词中这样说过(1883年1月诉讼案)。克鲁泡特金的武断与实际情况不完全符合,我这位可敬的同胞经常弄出这种事情。

蒲鲁东在他那非常出名的著作《什么是财产,或者关于权利原则和政府原则之研究》(*Qu'est ce que la propriété*)中"第一次"谈到无政府主义理论。这本书的第一版早在1840年就问世了。不错,他在那里对无政府主义理论"叙述"得不很详细,总共不过几页①。但是他"在1848年"着手叙述无政府主义理论以前三年,一个叫麦克斯·施蒂纳(卡斯巴尔·施米特的笔名)的德国人就在自己的《个人及其财产》②(*Der Einzige und sein Eigenthum*)一书中

---

① 参见1841年版,第295—300页〔中译本参见商务印书馆版,第283页以下。——译者〕。——作者
② 或译《唯一者及其财产》、《唯一者及其所有物》。——译者

谈到了这个理论。因此，施蒂纳有十分充分的权利取得无政府主义理论始祖的尊号。不管我们怎样来解决他的"不朽"问题，他第一个"叙述了"无政府主义理论这一点是毫无疑问的。

麦克斯·施蒂纳

人们把麦克斯·施蒂纳的无政府主义理论称作对路德维希·费尔巴哈宗教哲学的讽刺。（例如宇伯威格在自己的 *Grundzügen der Geschichte der philosophie* 第三编 "Philosophie der Neuzeit"①中就是这样断定的。）有些人走得更远，甚至硬说，好像施蒂纳写他的书的时候所抱定的唯一愿望就是嘲笑这种哲学。不过这个看法完全没有根据。施蒂纳叙述自己的理论时完全没有开过玩笑。他坚持他的理论的时候深信它是正确的。不过他有一种在那个暴风骤雨的时代完全自然的倾向，就是要使自己的结论具有一种超过费尔巴哈的急进精神。

在费尔巴哈看来，人们称之为上帝的那个东西只是他们的幻想、心理错觉的产物。不是上帝创造了人，而是人按照自己的形象和模样创造了上帝。人崇拜上帝只是崇拜自己固有的本质。上帝不过是一种臆想，然而这是一种很有害的臆想。人们谈到基督教的上帝时说，上帝也就是爱，就是对不幸的受苦的人类的同情。但是尽管这样，或者正确些说，正是由于这样，一切名副其实的基督徒都仇视无神论者，也应该仇视无神论者。因为基督徒认为，无神

---

① 《哲学史的基本特点》（疑为《哲学史概论》之误），第三编，"近代哲学"。——译者

论者似乎是坚决地否定任何爱和任何同情的。于是爱的上帝一变而为仇恨的上帝，一变而为迫害的上帝；人类幻想的产物变成了人类痛苦的真正的原因。因此，应该结束这种荒诞的现象。既然人崇拜上帝只是崇拜自己固有的本质，那就必须最后地、一劳永逸地撕破和摘掉宗教用来遮蔽这个本质的神秘的纱罩。不应该在人类之外实现对人类的爱。"人的最高的本质就是人。"

费尔巴哈是这么说的。

麦克斯·施蒂纳完全同意这种说法。不过他想从费尔巴哈的理论中引申出几条他觉得似乎最极端、最激进的结论。他是这样议论的："上帝无非是幻想的产物，无非是一种幻影。这是对的。但是，您向我宣扬爱人类，何谓人类？人类不也是一种幻影、一种抽象的本质、一种想象的产物么？如果人类，您的这个人类，不是存在于人们的头脑中，即存在于个人的头脑中，又存在于何处呢？所以，除了有其需要、欲求和意志的个人而外，现实中什么也不存在。而如果这是对的，那么你们怎么可能希望个人这个真实的本质会为人的幸福，即为一种抽象的本质而牺牲自己呢？无论您怎么起来反对自己旧有的上帝，您仍然继续保持着宗教的观点，而您打算使我们得到的那种解放还是处处充满着神学的精神，即充满着关于上帝的学说的精神。"最高的本质当然是人的本质或实质。但是正是因为这里出现在我们面前的是人的本质，而不是人自身，则我们是认为这个最高本质作为"上帝"而在我们身外，还是认为它活在我们心中并称它为"人的本质"或一般的人，这就根本没有什么区别了。我不是上帝，也不是一般的人；我不是最高本质，也不是自己本身的本质，因此我思考的这个本质是在我心内还是在我身外,事实上是毫无分别的。要知道,实际上我们是在两类彼岸性中,即同时在内在的彼岸性和外在的彼岸性中设想最高本质的;因为在基督教的观点看来,"神的精神"同时也就是"我们的精神",这种精神"活在我们心中"。它活在天上,同时又活在我们心里。我们这些不幸的人不过是它的住宅。如果费尔巴哈完全破坏了它的天上的住宅,而迫使它带着自己大大小小的全部家什迁移到我们这里来,那么在我们这里,即在它的地上歇宿地就会变得太拥挤了。① 为了避免因这种"迁移"而造成的不愉快的感觉,为了不让这个或那个"幻影"来控制我们,最后,为了坚定地站在真实的基础上,我们只有一种办法:就是把唯一真实的本质,即我们自己的"我"当作出发点。

"总之,打倒一切不是我自己的事业的东西;您也许以为我自己的事业至少应当是'好的事业'吧?何谓好?何谓坏?我自己的事业,这就是我自己。而我是无所谓好,也无所谓坏的。这两个名词对我并没有任何意义。上帝的东西是上帝的事业,人的东西是人的事业。我的事业既非上帝的事业,又非人的事业;它不是善、真理、权利、自由,它仅仅是我的事业;它不是一般的东西,而是个人的东西,正像我本身是个人的一样。对我来说,没有任何东西在我之上"②。

宗教、良心、道德、权利、法律、家庭、国家——有多少个名词,就有多少付以抽象的名义加在我身上的镣铐,就有多少个"我"这个意识到自己本身的"事业"的个人用我所有的一切手段与之进行

---

① 《唯一者及其财产》,德文第二版,莱比锡,1882年,第35—36页。——作者
② 同上。——作者

斗争的奴役者。你的道德不仅是资产阶级庸人的道德，而且也是最高尚的人道的道德，这种道德无非是一种仅由最高本质化身而来的宗教。你的权利无非是一种幻影（据你说，这权利是人生来就有的）；而如果你尊敬这幻影，你就没有比一看见诸神同它们的许多敌人进行战斗就发起抖来的荷马笔下那些英雄走得更远。权利就是力量。

"谁有力量，谁就有权利；如果你没有力量，你也就没有权利。难道要了解这条真理就如此困难吗？有人劝我要为国家的利益牺牲自己的利益。我却反而宣布对任何国家，甚至对民主国家进行殊死的战斗……任何国家都是专制的国家，无论这里专制权力是属于一个人，还是属于许多人，最后或者其中所有的人都是统治者，即所有的人都彼此是专制者，像我们在共和国中看到的情形一样。最后的这种情形发生在这样的条件下：这时，特定的法律，即特定的人民会议的意志的表现，对任何一个个别的人来说，都成了他必须绝对服从的法律。即使假定构成特定民族的所有个别的人都表示了同样的意志，即法律表现了真正普遍的意志，那时事情也不会因之有丝毫的变化。难道在这种情况下我昨天的意志今天不会继续约束我么？我的〔意志〕居然会一成不变。可悲的永恒性啊！我的创造物，即我的意志的特定的表现，会成为我的统治者。而我这个创造者在重新表示自己的意志的时候，在表示自己的欲望和决定的时候，居然要受限制。如果我昨天是傻瓜，那么在今生往后的全部时间里我还得继续做笨蛋。因此在国家中，即使在最好的场合下，我也是自己本身的奴隶，在最坏的场合下也有同样的权利可以这样说。因为我昨天有过意志，所以今天我就没有意志了;因为我昨天是自由的,所以今天我就失掉了自由"。①

在这里,"人民国家"的拥护者可能会反驳施蒂纳说,他的"我"在企图把民主自由发挥到胡说八道的时候做得太过分了:因为只要大多数公民有废除坏法律的愿望,它是可以废除的;所以没有任何必要永远服从这种法律。不过这是无关宏旨的小节。同时施蒂纳也许会回答说,必须诉诸大多数人这件事本身证明,我不是自己行动的主人。我们这位作者的结论是无法辩驳的,原因很简单:说我除了自己本身以外什么也不承认,无异于说我感到自己是受一切要求我履行某种义务的制度所压迫的人。这简直是同语反复。

显然,任何"我"都不能单独存在。施蒂纳很好地懂得这个道理。因此,他提倡"利己主义者联盟",也即是由每一个特定的"我"参加的自由结合。只要这个联盟符合他的利益,他就一直会留在里面。

我们要在这里略谈几句。

摆在我们面前的 par excellence〔主要〕是一种"利己主义"的体系。就这方面说,它在人类思想史上是一种独一无二的现象。人们曾经责备十八世纪法国唯物主义者,说他们宣扬了利己主义。这是很错误的。法国唯物主义者经常宣扬了"美德",而且是用奔放的热情进行宣传的。当时格里姆不无根据地嘲笑他们的"卡普辛主义"(卡普辛僧团②教士的说教)。利己主义的问题对他们来说具有双重任务的意义:

---

① 《唯一者及其财产》,第 196—197 页。——作者
② 卡普辛僧团是天主教的僧团,圣芳济派的分支。——译者

一、人的一切都归结为感觉:这是他们关于人的全部议论的基础。人的本性力求避免不愉快的感觉和寻求愉快的感觉。然则人们有时居然为了某种思想的胜利,归根到底即为了使自己的伙伴得到快感而忍受最大的痛苦,这种情况又是怎样发生的呢?

二、既然人的一切都归结为感觉,则如果使他生活在一个人的利益和其他人的利益有矛盾的社会环境中,他就会损害自己的伙伴。能够使普遍的利益同个别人的利益协调一致的那种立法制度应该是怎样的呢?

在这里,在这个双重任务中包含着十八世纪唯物主义伦理学的全部意义。

麦克斯·施蒂纳追求着直接相反的目的。他嘲笑"美德",也远没有希望美德取得胜利的思想。在他的心目中,只有认为没有任何东西比他们自己的"我"更高的那些利己主义者才是有理性的。再说一遍,麦克斯·施蒂纳 par excellence〔主要〕是利己主义的理论家①。善良的资产者,他们的耳朵如此纯洁和善良,就像他们的心灵卑鄙无耻和冷酷无情一样,他们"悄悄地饮酒,公开劝人喝水"②,对施蒂纳的非道德论表示极大的愤怒;他们大喊大叫,说"这是否定世界上的一切!"但是像经常有的情形一样,庸人的美德

---

① 现在,把施蒂纳的学说同尼采的"哲学"比较一下就更有意思了。这样比较会告诉我们,在施蒂纳的书问世以后到尼采几本主要著作的出版这段时期内,德国资产阶级各派的"知识分子"走过了多远的路程。施蒂纳的"利己主义"是上升时期资产阶级个人主义意图的理想化;尼采的"哲学"则是同一个阶级没落时代的产物。——作者为俄文版补加的注释

② 引自海涅著名的诗篇《德国——一个冬天的童话》。参见作家出版社1954年版,第3页。——译者

原来就是论据很软弱的。法国人圣·奈勒·泰兰底耶①写道:"施蒂纳的真正功绩在于他说出了青年无神论学派(即左翼黑格尔学派——格·普)的最后一言。"据我们所知,其他各国的庸人们对这个勇敢的作者的功绩问题也有过同样的意见。从现代社会主义立场看来,这种功绩要用完全不同的观点来说明。

第一,施蒂纳的无可争辩的功绩在于,他公开地和坚决地发表了反对资产阶级改良派和许多空想社会主义者又酸又甜的、伤感主义的说教的言论,而这种说教的逻辑结论是:无产阶级的解放应当是不同社会阶级中,主要是有产者阶级中那些"舍身忘我的"人的"善行"的结果。施蒂纳很好地懂得,从剥削者的"舍身忘我行为"那里可以期待些什么。"富人"是残酷的,而"穷人"(我们的作者就是用的这样的术语)要抱怨这件事是不对的,因为不是富人使穷人贫困,而是穷人使富人富裕。所以,如果穷人的处境很痛苦,他们应该怨自己。为了改善这种处境,他们唯有起来反抗富人。只要他们真正想这样做,他们就会有力量,那时富人的统治地位即告结束。救世之道在于斗争,而不在于向宽宏大量的压迫者作无益的呼吁。施蒂纳就用这种道理宣扬阶级斗争。当然,他是抽象地把阶级斗争设想为少数利己主义的"我"跟人数更少的同样是利己主义的"我"的斗争。不过我们在这里紧紧地接触到施蒂纳的另一功绩。

在泰兰底耶看来,施蒂纳说出了德国哲学中青年无神论学派

------

① 泰兰底耶(Saint-René Taillandier,1817—1879),法国政论家和文艺批评家。——译者

的最后一言。实际上他只是说出了唯心主义世界观的最后一言。不过他说出了唯心主义世界观最后一言的这个事实，也就是他的无可争辩的功绩。

费尔巴哈在批判宗教的时候只是半个唯物主义者。当人崇拜上帝的时候，他只是崇拜自己固有的理想化了的本质。这是对的。但是宗教和世间万物一样有生有灭。这岂不证明，"人的本质"不是一成不变，而是在社会发展的历史过程中变化着的么？显然，实际情形也是如此。但是如果情形是这样，那么"人的本质"在历史上发生变化的原因是什么呢？费尔巴哈根本不懂得这个道理。他认为"人的本质"只是一个抽象的概念，就像法国唯物主义者把人的本性看作抽象概念一样。这就是费尔巴哈批判宗教时所犯的基本错误。施蒂纳很好地看到费尔巴哈的宗教批判没有坚实的基础，他想巩固这个基础，所以他用现实的精神来加强这个基础。他断然抛开一切幻影，抛开一切"想象的产物"。他对自己说："现实中只有个人，所以我们拿个人作出发点。"但是〔他〕当作出发点的究竟是怎样一种个人呢？伊万还是彼得，雅各还是西多？都不是。他拿来当作出发点的是一般的个人，一种新的抽象，同时也是最贫乏的抽象——即"我"。

施蒂纳天真地认为，他最终地回答了中世纪唯名论者同唯实论者早就因以战斗过的那个古老的哲学问题。他说："任何一个概念都不存在，因为它不能采取物体的形式。唯实论同唯名论的烦琐争论具有同一个内容。"

可惜！任何一个唯名论者都会十分明白地告诉我们的作者，他的"我"是和任何其他的概念一样的"概念"；它像数学单位一样也是不实在的。

伊万、彼得、雅各和西多相互间有一种关系，这种关系并不以他们的"我"的意志为转移，而是决定于他们所生活的那个社会制度。用"我"的名义批评社会结构，无异于放弃在这种场合下唯一有成效的观点，即社会的观点、社会生活规律和社会发展规律的观点，而湮没在抽象的迷雾中。

唯名论者施蒂纳正是在这种迷雾中感到舒服。

"我是我"——这是他的出发点。非我不等于我——这是他的结论。我＋我＋我＋等等——这是他的社会乌托邦。这是用来进行社会和政治批判的简单而又纯粹的主观唯心主义。这是唯心主义思辨的自杀。

在施蒂纳这本书出版的同一年（即1845年），美茵河上法兰克福城出现了马克思和恩格斯合著的《神圣家族，或对批判的批判所作的批判，驳布鲁诺·鲍威尔及其伙伴》(*Die heilige Familie oder Kritik der kritischen Kritik*, *gegen Bruno Bauer und Cons* [*ortenl*])。这本书用现代社会主义的理论基础辩证唯物主义打击了并且粉碎了唯心主义的思辨。施蒂纳的"个人"来得太晚了。

我刚才说过：我＋我＋我＋等等是施蒂纳的社会乌托邦。他的"利己主义者联盟"实际上不过是一大堆抽象的没有重量的人。他们的结合有什么根据呢，又能够有什么根据呢？施蒂纳回答说，根据他们的利益。但是他们的利益的某种结合所依据的那个现实基础何在呢？又能够在何处呢？施蒂纳对于这个问题根本说不出所以然，也不可能说出任何明确的道理。因为他滑翔在抽象的高空，从那里是很难看清经济的现实的，即看不清各式各样的

"我"——利己主义的"我"和利他主义的"我"的生母和乳母。

如果连他已经大大接近了的那个阶级斗争概念他也没有能力弄清楚,那是毫不奇怪的。"穷人"应当同"富人"斗争。然而,穷人战胜了富人以后又怎样呢？那时,每一个从前的"穷人",就会像每一个从前的"富人"一样地开始跟每一个从前的"穷人"和每一个从前的"富人"作斗争。于是就产生"一切人反对一切人的战争"(施蒂纳正是用的这种说法)。在这场规模巨大的战争中,在这场普遍的斗争中,"利己主义者联盟"将只是局部的休战。这里充满着好战的精神,麦克斯·施蒂纳所幻想的现实主义却一点影子也没有!

但是,且别纠缠着"利己主义者联盟"吧。空想主义者可以闭眼不看经济现实;但是经济现实却不顾他的愿望而对他横加干涉;它到处都用科学力量未能控制的强暴的自然力压迫他。施蒂纳不可能摆脱经济现实的干涉而维护抽象的"我"的崇高的境界。他不仅谈到"个人";他的论题是"个人及其财产"。"个人"的这个财产具有怎样的形态呢？

不用说,施蒂纳是不大尊敬财产这个"既得权利"的。

"别人的财产只有在你承认它合理合法的时候才是合理合法的。如果你不承认,它对你就根本不合法了,而你就会嘲笑绝对的权利"①。这完全是一个调调儿。"除我自己以外,我什么也不尊重。"不过不尊重别人的财产并不妨碍施蒂纳的"我"同时具有财产所有者的倾向。在他看来,"反对共产主义"的最强有力的论据是这样一个见解:一旦共产主义消灭了个人的财产,就会使所有的社

---

① 《唯一者及其财产》。——作者

会成员都变成纯粹的"乞丐"。所以施蒂纳对这样一种非正义的现象是极端愤恨的。

他说:"按照共产主义者的意见,公社应该是财产所有者。恰恰相反:'我'才是财产所有者,也只有'我'才会就自己的财产同其他的人达成协议。如果公社的做法我认为不公平,我就会起来反对它和保卫自己的财产。我是财产所有者,但所有权并不是神圣不可侵犯的。也许'我'只是一个纯粹的所有者么?(暗示蒲鲁东的理论。——格·普)不然,迄今存在过的所有者都只是这样的人,他们以自己的一份所有物来保障生活,而其他的人也各以自己的一份所有物来保障生活;但是现在,'一切'都属于我;我是'一切'我所需要而我也能占有的东西的所有者。如果社会主义者说:'社会把我所需要的东西给我',则利己主义者就说:'我拿我所需要的东西'。如果说,共产主义者的行为像乞丐,则利己主义者的行为就像财产所有者"①。

利己主义者的财产看起来并不是很"有保障的"东西。"利己主义者"只有在其他的"利己主义者"没有决定掠夺他并使之变成"乞丐"以前才仍然是财产所有者。但是魔鬼并不像它初看时那样凶恶。与其说施蒂纳把"利己主义的"财产所有者们的相互关系看成是掠夺的世界,不如说把它看成是交换的关系。而他不断地向之呼救的力量原来就是从国家和"社会"加在它身上的旧枷锁下解放出来的商品生产者的经济力量。

通过施蒂纳的嘴表达了商品生产者的精神。如果他要彻底消

---

① 《唯一者及其财产》,第266页。——作者

灭国家,那唯一是因为在他看来,似乎国家对商品生产者的"财产"不够尊重。他希望有自己的财产、自己的充分的财产。国家向他收取赋税;它以为为了社会的福利可以剥削他。他希望有 jus utendi et abutendi(使用权和处置权);国家说:"好",但是补充说,有各式各样的处置。于是施蒂纳叫道:"救命哪!抢劫啦!"他宣称"我是国家的敌人,这国家经常动摇于两者(即国家或我)之间……国家中不存在财产,即不存在个别人的财产;其中只有国家的财产。只有得到国家的许可,我才有我所有的东西,也只有得到它的许可,我才会成为我之所是。我私人的财产只是国家在相应地减少其他公民的财产的条件下从自己的财产中分给我的,要知道这是国家的财产。"所以要打倒国家!纯粹的和完全的个人财产万岁!

施蒂纳把让·巴·萨伊①的政治经济学译成了德文。虽然他也翻译过亚当·斯密,但是他任何时候也未能超出资产阶级庸俗经济学概念的狭隘范围。他的"利己主义者联盟"无非是激动的小资产者的空想而已。在这个意义上应当承认,他说出了资产阶级个人主义的最后一言。

施蒂纳还有一个功绩:他有坚持自己的观点并把自己的个人主义理论发挥到极度的胆量。他是最英勇最彻底的无政府主义者。同他比较起来,克鲁泡特金和现今所有的无政府主义者都认为是无政府理论始祖的蒲鲁东不过是一个迂腐的庸夫俗子罢了。

---

① 萨伊(Jean Baptiste Say,1767—1832),法国庸俗经济学家,他在理论上和实践上都反映了资产阶级的阶级利益。——译者

蒲鲁东

如果说施蒂纳同费尔巴哈斗争，那么"不朽的"蒲鲁东就效法"康德"。这位"无政府主义理论的始祖"庄严地宣布："康德大约在六十年以前对宗教所做的事情，他在这以前对确实性①所做的事情，在他以前别的人企图对幸福或至善所做的事情，也就是《人民之声》(*La voix du peuple*)②希望对政府所实行的。"

我们且看看他怎样着手进行这一事业以及他得到什么样的结果。

按照蒲鲁东的意见，在康德以前，教徒和哲学家都抱着"不可遏止的激动心情"问自己：上帝是什么？随后他们又问自己：一切宗教中最好的宗教是什么？"如果人类之上的确有最高本质在焉，那么也就应该存在着这个本质和人类之间的关系的体系。这个体系究竟是怎样的呢？探求一种最好的宗教乃是人类精神在理性和信仰领域中所走的第二步。"康德认为这些问题是无法解决的，并把它们取消了；他不再问自己上帝是什么和真正的宗教是怎样的，而是给自己提出了说明上帝观念的起源和发展过程的任务；"他力求替这个观念编一部传记。"而且他的成就是很辉煌的，也是出人意料的。

"正像马勒布朗什③说的，我们在上帝中所探求的和看到的东

---

① "确实性"，在《普列汉诺夫全集》中的译文作"我们的认识的确实性"。——译者

② 《人民之声》是蒲鲁东派的机关报，由蒲鲁东主编，1848—1850年在巴黎出版。——译者

③ 马勒布朗什（Nicolas de Malebranche，1638—1715），法国唯心主义哲学家。这里引证的马勒布朗什的思想，是在他的一部主要著作《真理的研究》(*Recherche de la vérité*)中所发挥的。——译者

西乃是我们自己的理想,即人类的纯粹的本质……人类的灵魂最初不是像心理学家假定的那样用对自我进行反思考察的办法来认识自己的;它是在自身以外认识自己的,好像它具有不同于自己的本质。它把这种颠倒的反映称为上帝。因此道德、正义、秩序、法律并不是来自上天的启示;它们并不是某些不知道的、无法理解的所谓创造主为我们的自由意志规定的,而是像我们的能力和器官,像我们的血肉一样为我们和我们的本质所固有的。简言之:宗教和社会是意义相同的两个词;如果人就是上帝,那么他对于他自己也会是一样神圣的。"信仰权力也和信仰上帝一样是很原始的、很普遍的。凡是有结合成社会的人们存在的地方,也就有权力即政府的基础存在。从远古以来,人们就问自己:政府的权力是什么,何种形式的政府是最好的,他们徒劳无功地对这些问题探求解答:因为政府和宗教一样也是五花八门的;政治理论和哲学体系一样也是为数众多的。难道没有任何可能来结束这些绵延不断和毫无结果的争论吗?是否可以从这个死胡同里走出来呢?当然可以。只要效法康德的榜样就行了。我们只要问一问自己:这个权力观念,这个政府权威观念是从哪里来的呢?我们只要问清政治观念的合法性就行了。一旦我们提出这方面的问题,解答就简单得出奇了:

"和宗教一样,政府是社会不自觉性的表现,是人类向高级状态过渡的准备。"

"人类在宗教中寻找他们自己,并称自己是上帝。"

"公民在政府中寻找他自己,即寻找自由,并称之为国王、皇帝或总统。"

"人类之外没有上帝,因此神学观点没有任何意义。同样,自由之外没有政府,因此政治观点没有任何意义。"

这就是政治观念的"传记"。一旦认识了这种观念,何种形式的政府是最好的政府这个值得我们去加以解决的问题就会大放光明。

"最好的政府形式和最完善的宗教一样(如果就这些词的字面意思说),是一个矛盾的观念。问题不在于确定怎样才能最好地治理我们,而在于怎样才能使我们成为最自由的。符合秩序并同秩序一致的自由,这就是社会权力和政治的全部真实内容的核心。这个同秩序一致的绝对自由是怎样形成的呢?只要分析一下各种不同形式的权力,我们就会知道这点。一般来说,我们绝不容许人统治人的现象存在,正如不容许人剥削人的现象存在一样"①。

我们在这里已经达到蒲鲁东政治哲学的极点了。他的无政府主义思想的新鲜的和生动的水流就发源于此。不过在沿着这条水流的约略迂回的路线行走以前,且举目望一望我们攀登而上的崎岖小道。

我们以为我们在效法康德。但是我们错了。康德在其《纯粹

---

① 以上所有的引文都请参见《革命者的自白》(*Confessions d'un révolutionnaire*),第三版序言。这篇序言摘自 1849 年 11 月的《人民之声》。蒲鲁东只是在 1849 年才开始"叙述"无政府主义理论。他在 1848 年所叙述的(请彼·阿·克鲁泡特金恕罪),只是自己的交换理论,收在他的全集第六卷(巴黎 1868 年版)中的著作就可以证实这一点。1848 年 3 月出现的对民主派的"批判"并不是叙述无政府主义理论。这个批判是《社会问题解答》(*Solution du problème Social*)这本小书的一部分,蒲鲁东希望不用借款、不用硬币、不用纸币、不用法律限制价格、不用征收、不通过破产、不用土地法、不用对穷人课税、不用国民工场、不用联合体(!)、不用分红、不用国家干涉、不用限制贸易和工业的自由、不用破坏财产权,而大多是和首先是"不经过任何阶级斗争",就可以解决社会问题。这的确是"不朽的"观念,它应当受到一切爱好和平、多愁善感、一碰就哭的资产者极其热烈的同情,不管这些资产者是白色的也好,蓝色的也好,红色的也好!——作者

理性批判》中驳斥用来证明上帝存在的理由时所依据的原理是：凡是我们的经验不了解的东西都不可能被我们认识。康德在自己的《实践理性批判》中则以道德的名义承认了上帝的存在。然而他任何时候也没有说过，上帝只是我们自己的灵魂的颠倒的反映。蒲鲁东硬加在康德身上的那个命题乃是费尔巴哈的无可争论的财产。因此我们在简单几笔带过政治观念"传记"以后，又跟着后者走了。这就是说，蒲鲁东又把我们直接引到我们在施蒂纳的社会中完全没有伤感情调的这次旅行由以开始的那个地点。但是有什么办法呢！我们还是根据费尔巴哈再来一次推论吧。

人类在宗教中寻找的是他们自己。公民在政府中寻找的也是他自己，即寻找自由。很好。但是从这里应不应当得出结论说，公民的本质就在于自由呢？从这里是不是可以得出自由是公民的基本属性呢？假定是这样吧。然而即使假定如此，也不得不说，我们这位法国的"康德"还是毫无办法，绝对毫无办法可以证明这种"观念"的合法性。这还不是最重要的。按照我们的假定构成公民基本属性的那个自由是什么呢？公民按照自己的本性应当追求怎样的自由呢？追求政治自由么？恐怕不会这样！如果作这样的断言，那无异于把"公民"变成"专横的"民主主义者。我们的公民在政府中寻找个人的"绝对"自由，这种绝对自由是同秩序"一致"的，并和它是"同一"的。换句话说，"公民"的本质就是蒲鲁东的无政府状态。这该是最惬意不过的发现了；但不妨回想一下这个发现的"传记"。我们希望推翻一切足以证明权力观念的理由，就像康德之推翻上帝存在的一切证明一样。为了达到这个目的，我们假定自由正是公民在政府中寻找的那个东西，同时在这种场合下我们还部分地仿效费尔巴哈的说法:人在上帝中寻找的和崇敬的乃是自己固有的本质。至于自由,那么我们可以用魔术棒一挥就把它变成了"绝对"自由,变成了一定要产生无政府状态的自由。一、二、三!——Geschwindigkeit ist keine Hexerei[手脚快没有什么巧妙],像德国人所说的那样。

既然"公民"在政府中寻找的只是"绝对"自由,那么国家就不过是一种臆造("这样臆造出来的最高的人叫作国家"①),而且"所有这些政府的公式(由于这些公式,各国人民和公民才在六十个世纪的时间里互相屠杀)都不过是我们的想象的产物,把它交到博物馆和图书馆里去保存乃是自由理性的第一个义务"。所以请注意,还有一个顺带做出的极其重要的发现:"想象的产物""在六十个世纪的时间里"曾经是人类政治史的动力!

证明人崇拜上帝就是崇拜自己固有的本质,也就是指明宗教的起源,但这还不等于写出它的传记。如果词汇具有某种确定的含义,而不是随意使用的,那么写出宗教的传记就意味着写出它的历史,说明其中所反映的人类本质的发展过程。费尔巴哈没有做过这个工作,而且也不可能做这个工作。效法费尔巴哈的蒲鲁东虽然想效法康德,但是他远远不能理解《基督教的本质》的作者的观点何处不能令人满意。在这里他能够做的全部工作,就是把费尔巴哈当成康德,从而用最可怜的方式抄袭康德—费尔巴哈。他听到了一个传闻,说上帝是虚构,于是他立即断言,国家也是虚构,

----

① 这里蒲鲁东是在法律的意义上使用人这个词的。——作者为俄译本补加的注释

因为如果上帝不存在,那我们有什么道理承认国家的存在呢?蒲鲁东决心同国家进行斗争,并且以宣布国家是不存在的作为开端;这种情况就足可以使蒲鲁东派的机关报《人民之声》的读者们心花怒放,而使在蒲鲁东先生的哲学精神所进行的深刻分析面前感到战栗的他的敌人们瞠目结舌。真是一个十足的悲喜剧!

在现代读者看来,几乎用不着进一步说明,既然我们宣布国家纯粹是虚构("臆造"),那我们就根本不可能理解它的"本质",也不能说明它的历史发展。蒲鲁东也正是暴露了这种无能。

他说:"我在每一个社会里都分别出两种结构。一种我称为社会结构,另一种则称为政治结构。同人类有最密切联系的第一种结构是自由的和进步的;它的进步主要在于从第二种结构的束缚下解放出来,因为第二种结构多半具有专横的、反动的和剥削的性质。社会结构不是别的,而是建立在自由契约和经济力量组织基础上的利益的平衡,这些经济力量是:劳动、劳动分工、集体力量、竞争、贸易、货币、机器、信贷、财产权、平等交易、相互保证等等。

"政治结构的原则是权力。它的形式是:阶级的差别、权力的分立、行政的集中、司法的等级、通过选举的人民专制的代议制。由于没有社会结构,人们才想出政治结构,并逐渐付诸实行。只有通过长期的经验,社会结构的原则和规则才能为人所发现。然而这些原则和规则现在还是社会主义者之间争论的题目。

"这两种结构具有根本不同的,甚至不能并容的性质(这是容易看出来的):但是既然政治结构注定要不断地引起和产生社会结构,那么从后一种结构中就经常会有某种东西偷偷溜进前一种结构中去,而当前一种结构变得不能令人满意时,就会开始显得矛盾百出,引起敌视的情绪,而由于不断的让步,最后逐渐归于消灭"①。

社会结构"同人类有着最密切的联系",它是人类所固有的。尽管如此,它仍然只有通过长期的经验才能为人所发现,而在尚未发现之时,人类只好想出"政治的结构"。这难道不是对人的本性以及同人性"最密切地联系着的"社会组织的纯粹空想主义观点么?在这里,难道我们不是回复到我们早已熟识了的摩莱里的观点么?摩莱里说:人类在自己的全部历史的过程中过去始终都"在本性之外"。不,我们不会回到摩莱里那里去,这原因很简单,因为我们没有回到他那里去的必要。不过我们的蒲鲁东一刻也没有放弃过空想主义的观点。当我们这位作者用高傲的眼光看待空想主义者,看待他们企图发现"最完善的政府权力形式"时,他并不认为空想主义者的观点中有任何不好的内容。他只是嘲笑人们头脑迟钝,不善于理解最好的政治组织就是没有任何政治组织和符合人类"本性"的、最必要的、同人类"最密切地联系着的"社会组织的存在。

社会结构的本性根本不同于政治结构,甚至和它不能并容。然而,政治结构的"命运"就在于经常引起和产生社会结构。这种说法模糊得不知所云。也许我们有可能从这个混乱的迷宫里跳出来,比方我们"假定",蒲鲁东本来的意思不过是说:政治结构影响社会结构的发展。这样一来,必然出现一个问题:政治结构本身难

---

① 《革命者的自白》,1868年法文版,参见《蒲鲁东全集》,第9卷,第166—167页。——作者

道不是像基佐曾经设想的那样生根于任何特定国家的社会结构中么？而蒲鲁东的结论则是：我们毕竟有权认为社会结构作为真正的和唯一的结构只是未来的事业，不幸的人类只是由于没有社会结构才给自己想象出政治结构。而且"政治结构"的范围也十分广阔：它甚至包括"阶级差别"，因此也就包括没有"组织起来的"财产，即现在所存在而它的结构不应当是那样的财产。既然这个结构只是为了等待无政府的社会组织而臆想出来的，那么很明显，人类至今的全部历史就不过是一种大得吓人的谬误而已。国家不单是纯粹的虚构，像蒲鲁东在1849年所断言的那样；各国人民和公民在"六十个世纪的过程"中因以互相屠杀的种种"政府公式"也不单是"我们的灵魂想象的结果"，像蒲鲁东在同一年所认为的那样；这些公式同国家以及一般的政治结构一样，乃是人类无知这个一切虚构和幻想之本源的产物。但是实质上一切依然如故。关键在于无政府的（"社会的"）组织只有经过"长期的经验"才能发现。读者现在看到，这是多么可悲的事。

政治结构无疑在影响社会组织；至少它"会引起"社会组织，而这就是康德哲学和社会组织的教师蒲鲁东所发现的政治结构的"命运"。由此可以得出的唯一合乎逻辑的结论就是：社会组织的信徒应当利用政治结构来达到自己的目的。但是不管这个结论怎么合乎逻辑，它都不合乎我们作者的口味，因为他认为这个结论纯粹是"想象的产物"。利用政治结构，这意味着向权力这个可怖的上帝的祭坛供献牺牲，这意味着（可怕呀！）参加党派斗争。蒲鲁东绝不愿意有这类事情。他说，"从今以后，不要政党，不要权力，而要人和公民的绝对自由：请看，我们的全部政治信条和社会信条就包括在这区区几个字中"①。

任何阶级斗争都是政治斗争。凡是不愿意听到政治斗争的人,他因之也就会拒绝参加任何阶级斗争。蒲鲁东的情况也是如此。早在1848年革命初期,他就开始了阶级妥协的宣传。举一个例子:他在4月3日向自己的杜省②的选民发表了一篇文告。其中有一段话是:

"社会问题提出来了。你们不可能逃避这个问题。为了解决它,人们必须一身同时兼具最急进的精神和最保守的精神;工人们,向自己的主人伸出手吧,而你们,企业老板们,不要推开向你们迎面走过来的你们的雇佣工人。"

在蒲鲁东看来,一身兼具最急进的精神和最保守的精神的人,就是他比·约·蒲鲁东自己。在这个想法中,一方面包含着所有幻想超越于阶级和阶级斗争之上,并且天真地以为人类往后的全部历史都应当归结为用和平的方式宣传他们的新福音的空想主义者所固有的"虚构"。另一方面,这种把急进主义和保守主义结合起来的意图再明显不过地揭露出这位"无政府主义理论始祖"的"本质"。蒲鲁东正是小资产阶级社会主义的典型的代表人物。

小私有者的"命运"(就他不主张无产阶级观点而言),恰恰就在于始终动摇于急进主义和保守主义之间。为了更好地理解这个道理,只要回想一下蒲鲁东提出的社会组织计划的内容就行了。

且让他自己来说吧。但是,我们要预先声明一句:在这里我们

---

① 《革命者的自白》,第25—26页。——作者
② 杜省(Doubs),法国的省区。——译者

有时不得不同或多或少被正确理解的"康德"打交道。

"由此可见,我们在讨论政治问题时和在收集材料以便重新审查宪法时所希望踏上的道路,应当就是我们至今在讨论社会问题时所走过的同一条道路。《人民之声》继续进行它以前的两家机关报的事业,跟着它们的步伐前进①。

"我们在这两份处于反动势力和包围状态打击下而垮台的机关报上说过些什么话呢?我们没有像我们的先辈们和同志们那样问过:什么是最好的共产主义制度?什么是最好的财产组织?我们没有问过什么更好:共产主义呢,还是财产?谁是对的:圣西门呢,还是傅立叶呢?谁的体系更好:路易·布朗呢,还是卡贝呢?——我们效法康德的榜样提出了这样的问题:人是怎样占有的呢?他是怎样获得财产的,又是怎样丧失财产的呢?财产的发展和转化规律是怎样的呢?这规律会引导出什么结果来呢?它追求的是什么呢?最后,它本身又是什么呢?其次,人是怎样工作的?产品怎样互相比较?产品在社会中的流通是怎样实现的?在何种条件下?按照何种规律?从整个这部财产专论得出的结论就是:财产表示分配;公有表示协同动作;不断减少的利息水平表示劳动与资本的同一(Sic!②)。为了把迄今都包含在财产的旧象征之内的所有这些术语分析清楚并加以实现,需要什么呢?作工的人应当互相保证工作和销售;为了达到这个目的,他们应当像接受

---

① 蒲鲁东这里所说的两家机关报,是指在《人民之声》以前于1848—1849年由他发行的《人民报》(*Le peuple*)和《人民代表报》(*Le représentant du peuple*)。——作者
② 原文如此!——译者

货币一样接受自己相互的义务。很好。现在我们可以说：和工业自由一样，政治自由对于我们来说也是互相保证的结果。只要我们互相保证自由，于是我们就可以摆脱开其使命在于象征性地描述自由、平等和博爱这些共和主义格言的这个政府，同时，找出实现这些格言的方式的责任就会落在我们的理智的头上。然则这个政治的和自由的（liberale）保证的公式又是怎样的呢？首先就是普遍的选举权，然后是自由的契约……经济改良和社会改良通过信贷的互相保证来实现；政治改良则通过个人自由的一致来实现；这就是《人民之声》的纲领"[①]。

我们可以对这段话补充说，概要地把这个纲领的"传记"叙述出来并不是困难的。

在商品生产者的社会里，产品是按照花费在商品生产上的社会必要劳动量进行交换的。劳动是交换价值的源泉和尺度。对于任何一个具有商品生产者社会所产生的种种概念的人来说，这似乎是再"公正"不过的了。不幸的是，这种"公正"并不是"永恒的"，正像一般来说普天下的任何东西都不是永恒的一样。商品生产的发展必然会把大部分社会成员变成只拥有自己的劳动力的无产者，把另一部分社会成员变成资本家。这些资本家购买了这个劳动力，即购买了无产者唯一可以拿到市场上去出卖的商品以后，便使用它，从而使之变成自己发财致富的源泉。工人为资本家劳动，他们不仅为自己的剥削者创造收入，同时也为自身创造贫困和对社会的依赖性。这是否公正呢？商品生产者权利的拥护者痛悼无

[①] 《革命者的自白》，第7—8页。——作者

产者的命运；他猛烈地抨击资本。但他同时也猛烈地抨击无产者的革命倾向，因为无产者主张剥夺剥削者，主张用共产主义方式组织生产。共产主义——这就是非正义，这就是最令人痛恨的暴政！他坚决认为，需要组织的不是生产，而是交换。但是怎样组织交换呢？这很容易；在我们这双饱经忧患的眼睛面前每天所发生的事情，就能够向我们指出一条达到这个目的的道路。劳动是商品价值的源泉和尺度。但是商品的价格是不是始终由它的价值决定呢？难道它不是根据商品的余缺而摇摆么？商品的价值和它的价格是两个不同的东西，所有的不幸就在于此，我们的大不幸就在于此，所有希望只得到自己的权利、希望只获得他们所应得的东西的贫穷的和正直的人们的不幸也就在于此。因此，要解决社会问题就必须结束"价格的专横"、"价值的反常现象"（蒲鲁东专有的用语）。为此必须"确定价值"，换言之，必须做到使任何生产者所得到的东西等于自己商品的价值。那时私有财产就不仅不是"盗窃"，甚至还是公正性最确切的表现。确定价值意味着确定小私有财产，而一旦小私有财产确定了，公正和幸福立即会在我们这里，在我们这个充满着贫困和极端不公正的可悲的世界上高奏凯歌。那时无产者就不会说他们没有生产工具了，因为凡是愿意工作的人都保证有免费的信贷，像魔杖一挥一样，他们都可以得到一切生产必需品。

小私有财产和作为其经济基础的小生产是蒲鲁东一贯的梦想。现代的大型机械厂始终让他感到深刻的厌恶。他说，工作也像爱情一样是逃避"社会"的。自然，有一些工业部门（蒲鲁东把铁路算作这样的部门）必须协作。在这些部门里单个的生产者应当为"劳动者协会"所代替。但是这种例外不过是规则的一种证实罢了①。小私有财产应当成为社会组织的基础。

小私有财产正在趋向消失。凡是不仅希望保存它,而且希望把它作为新的社会组织基础的人,都是极端的保守分子。同时谁要是希望结束"人剥削人的现象",结束雇佣劳动制度,他的确得一身兼具最急进的意图和最保守的理想。〔在这方面,蒲鲁东又很像我国民粹派分子,他们一只脚向前走,另一只脚却顽固地向后倒退,退到自然经济旧有"基础"的古老的领域中去。〕②

我们不打算在这里对这种小资产阶级空想进行批判。一位大师已经在《哲学的贫困。答蒲鲁东先生的贫困的哲学》一书中以及在《政治经济学批判》中亲自对它作过批判了。我们要指出的只有如下一点:

真正的商品生产者按其本质来说都是个人主义者。在经济领域中把商品生产者互相结合起来的唯一纽带就是交换。从法律的观点看来,交换是一种表现两个人的自由意志的关系。这两个人即这两个商品生产者的意志在契约中得到自己的表现。因此按照

---

① 按照蒲鲁东的意见:"绝大多数社会主义学派所宣布的协作原则是完全没有成效的;它既不是工业的力量,也不是经济的规律……不如说它就是政府和服从这两个排斥革命的概念。"(《十九世纪对革命的普遍观念》〔*Idée générale de la révolution au XIX siècle*〕,巴黎,1851年法文第二版,第193页)——作者

〔这本书中专论协作问题的整个第三篇很能说明蒲鲁东的特征。它证明,协作不仅是没有成效的,而且是有害的,因为它束缚工人的自由。蒲鲁东是彻头彻尾的个人主义者。在这方面他可以与施蒂纳争辩。〕注末方括弧内的一段话是普列汉诺夫校正俄译文时补加的。——俄文版编者〕

② 给俄文版插入的文字。——俄文版编者

小资产阶级的公正性的一切规则而"建立起来的"商品生产乃是"绝对的"个人自由的统治,因为当用契约使自己接受生产某种物品和交换某种商品的义务的时候,我丝毫也不会限制自己的自由。根本不会! 我利用这种自由同我的邻人们发生关系。同时契约会调节我的自由:因为当我履行我在签订契约时自愿承担的义务时,我就表示出对其他人的权利的公正态度。于是,商品生产者的理想社会的"绝对"自由就变成恰当的"秩序"。

你用在商品生产基础上产生的契约概念来批判"政治结构"吧,只要你始终还是一个小资产者,你就会通过最合乎逻辑的道路而走向无政府状态①。

"契约观念同统治观念是势不两立的……对于契约、对于互相协商说来,其特点是它可以扩大人的自由和幸福,然而随着权力的建立,自由和幸福就都减少了……如果契约在其通常的意义上和在其日常的实践中具有这样的特性,然则其使命是在同一个利益的基础上把整个民族的成员互相结合起来的社会契约又是怎样的呢?

"社会契约是最崇高的证书,凭着这个证书任何公民都让社会来支配自己的爱、自己的理智、自己的劳动、自己的服务、自己的产品、自己的财富,以换取自己邻人的友爱、思想、劳动、产品、服务和财富,同时对于每一个人说来,权利的大小永远取决于他所缴纳的

---

① "不朽的无政府主义理论始祖"蒲鲁东的崇高的理想就是按照公平的价格买卖:la vente à juste prix。他感到遗憾的只是在我们的凄凉悲惨的世界上这个理想任何时候也没有实现过,因为谁都不理解它。参见《十九世纪对革命的普遍观念》,第四节,第六个研究。——作者为俄译本补加的注释

价值……社会契约应当经过所有参加这一契约的人的自由讨论，个人同意和亲笔（"manu propria"）签字……社会契约按其性质说来很像交换契约（喏，这是理所当然的！这种契约不过是交换契约的理想化罢了。——格·普）①：社会契约不仅在它签定以后把签订者的全部（l'intégralité）财富保留下来，而且还增加他的财产；它不对他的劳动作任何命令，它只涉及交换关系（整个问题就在这里。——格·普）②……按照权利和普遍的实践看来，社会契约就应当是这样的"③。

一旦我们把契约是"唯一可以认为是各不相同的自由人之间的道德联系"这个原理当成是不可争辩的基本原则，那就再没有比对"政治结构"制造最"急进的"批判更为容易的事了。例如，假定讨论惩处的权利在何种程度内是公正的。这时蒲鲁东就只会问：根据什么契约，社会得到了惩处罪犯的权利呢？④

"凡是没有协议的地方，对于局外的法官说来，就无所谓重罪和轻罪……法律是人民主权的表现，换言之，社会契约（只要我对此有某种理解）是人和公民的个人义务。除非我希望有这个法律，除非我同意它，举手赞成它，签署它，否则它对我就不会有约束力，它对我就不存在。如果我不了解法律就要我对它产生好感，并且不顾我的抗议而把它运用到我身上来，那无异于使它具有溯及力和让人违反它。每天你们都有机会由于形式上的过错而取消判

---

① 括弧内的文字是普列汉诺夫校正俄译文时补加的。——俄文版编者
② 括弧内的文字是普列汉诺夫校正俄译文时补加的。——俄文版编者
③ 《十九世纪对革命的普遍观念》，第124—127页。——作者
④ 原稿上以下的文字未经普列汉诺夫校正。——俄文版编者

决。但是你们的法令中没有任何一项不会沾上无效的恶名,而且是天字第一号的无效,因为这是对法律的歪曲。普弗拉尔、拉斯涅尔、所有被你们处决的罪犯都从自己的坟墓里翻过身来,谴责你们伪造法律。你们能够回答他们什么话呢?"①

说到"行政机关"和警察局的时候,蒲鲁东也唱着跟契约和自由地参加契约同样的调子。

"难道我们不能像关怀未来的生活和我们灵魂的得救同样好地,甚至更好地管理我们的财产,解决我们的问题,清偿我们的债务,维护我们的共同利益吗?为什么我们对国家的立法和国家的司法,对国家的警察局和国家的行政机关要比对国家的宗教更感到兴趣呢?"②

至于财政部,那么很明显,它存在的权利是由其他各个部的存在决定的。废除政治上的控制吧,那时你们就不知道政府主管部门该做什么了,要知道政府主管部门的唯一目的就在于筹集和分配经费以便从政治上实行控制③。

这是合乎逻辑的和"急进的",之所以更加"急进",是因为蒲鲁东关于构成价值、关于自由契约的公式乃是"普遍的"公式,很容易适用于,甚至必然会适用于全体人民。

"政治经济学所讲的道理实际上也就是其他科学所讲的道理:这种科学在全世界必然都是一样的,它不以人们和民族的协议为

---

① 《革命的普遍观念》,第 298—299 页。——作者
② 同上书,第 304 页。——作者
③ 同上书,第 304 页。——作者

转移,也不从属于任何奇怪的思想。正如不能说匈牙利的、德意志的或美利坚的物理学或几何学一样,也不能说俄罗斯的、英吉利的、鞑靼的、奥地利的或印度的政治经济学。真理到处始终是自身同一的,因为科学是人类的基本单位。由此可见,如果每一个国家中的社会准则不是科学,不是宗教或权力,如果这些东西不是社会利益的最高维护者,则在政府体系撤消以后全世界的法律因之就会不谋而合"①。

够了。蒲鲁东把它叫作自己的纲领的那个东西的"传记",我们现在已经充分明白了。这个传记的"经济部分"无非是小资产者的空想而已,它坚信商品生产是各种可能的生产方式中最"公正的"一种,它可以根本消除它的坏的方面(由此产生它的"急进主义"),反之,又可以永远保存它的优点(由此产生它的"保守主义")。这个纲领的政治部分只是把从商品生产者社会的私有权领域中借用来的"契约"概念运用于种种社会条件。"经济学"中的"构成价值"、"政治学"中的"契约"——这就是蒲鲁东的全部科学真理。无论他怎么攻击空想主义者,他自己终究是一个彻头彻尾的空想主义者。他不同于像圣西门、傅立叶、罗·欧文这样一些人的地方,就在于贫乏的和十分有限的智力、对任何真正革命的运动和思想的仇视。

蒲鲁东从私有权的观点批评了政治结构。他希望私有财产永远存在下去,而永远破坏国家这个危险的"虚构物"。基佐早就说过,一国的政治结构的根源在于该国中占统治地位的财产关系。

---

① 参见《革命的普遍观念》,第328页。——作者

蒲鲁东则认为应该把政治结构的起源归因于"人类的无知"：它只是由于缺少终于被他蒲鲁东在公元后所发现的某种"社会组织"而"臆造出来的"。他像一个空想主义者那样判断人类的政治史。

但是用空想主义的态度否定现实决不能保证我们不受现实的影响。空想主义者的著作在一页上否定了现实，在另一页上又会予以补偿，后者甚至常常以赤裸裸的形式表现出来。正像我们所看到的，蒲鲁东就是这样"否定"国家的。他无休止地重复说："不，不，我不希望有任何国家，即使当作仆役我也不愿意要它；我甚至拒绝人民的自治。"但是真是现世的讽刺！——读者是不是知道他蒲鲁东对价值的构成是怎样"设想"的呢？这是一段很有趣的故事。

价值的构成在于按照公平的价格、按照"生产价格"出卖①。如果商人拒绝按照生产价格生产自己的商品，那只是因为他不相信会卖到他的收入所需要的那么多钱；其次，他没有保证可以收回自己所付出的购买总额。所以他需要得到保证。而这些保证可以"有各式各样"的。其中之一就是：

"假定临时政府或立宪会议……的确有意于恢复事业的发展，重新振兴工商业和农业，制止财产价格的下跌，并且使工人得到工作……这是可能的，只要保证全共和国大约一万个主要的企业主、工厂主、手工工场主、商人等等得到他们每一个人投

---

① 这就是蒲鲁东对劳动决定价值的理解。他绝对不会懂得李嘉图的理论。——作者

入事业的资本的百分之五的利息,即平均为十万余法郎。很清楚,国家……"①

够了!"很清楚,国家"强迫蒲鲁东至少把他当作"仆役";而这是由于一种不可抗拒的力量,它终于使得我们的作者屈服并且郑重其事地喊道:

"是的,我要这样大声说:巴黎和各省的工人协会掌握着人民的幸福和革命的未来。如果他们善自为之,他们就无所不能。力量的新的高涨使得最顽固的头脑也看见了光明,在一八五二年的选举中(他是在一八五一年夏天写这段话的),价值的构成应当提上议事日程,甚至提上主要的议事日程了"②。

总之,当问题说到阶级斗争时,就"不再要政党!不要政治!",而……当问题涉及实现蒲鲁东的平淡无味和空洞无物的乌托邦时,就"政治万岁,竞选宣传万岁,国家干涉万岁!"

"Destruam et aedificabo"("我要破坏,也要重新建设"),蒲鲁东关于自己说道。这些话中包含着许多蒲鲁东惯有的奢华的虚荣心理。另一方面,借用费加罗的格言来说,其中也包含着他生活中某个时候说过的最真实的真理。他"破坏",他也"建设"。不过他"destructio"的秘密完全为"契约解决一切问题"这个公式所揭露。他的"aedificatio"的秘密就在于资产阶级的社会现实和政治现实的牢固性,而他之所以比较容易地同这种现实妥协,是因为他没有从这种现实那里"夺得"任何一个"秘密"。

---

① 《革命的普遍观念》,第266页。——作者
② 同上书,第268页。——作者

蒲鲁东根本不愿意和国家打交道。但是，——尽管实际上提出了所谓价值构成，价值构成正是针对他所反对的"虚构物"说的——，他自己在理论上还是在建立国家，虽然差一点就把它"破坏"了。他把自己从"国家"那里夺来的东西交给"各个公社"和"各省"。代替一个大国家的是许多小国家；代替一个大"虚构物"的是许多小"虚构物"。于是无政府变成为"联邦制"，联邦制的优点除了别的以外，还有一个就是：革命运动要在这里取得成功比在集中化的国家里困难得多①。蒲鲁东的"普遍的革命观念"就到此结束了。

有趣的是蒲鲁东的无政府主义理论的"创始者"并不是别的什么人，恰恰是圣西门。这个圣西门说过，社会组织的目的是生产，所以，政治科学应当归结为政治经济学，"管理人"的艺术应当让位于"管理物"的艺术。他把人类比拟为个人，个人在童年时服从自己的父母，成了年以后就只听自己的话了。蒲鲁东接受了这个思想和这个比拟，并利用价值构成"建立了"无政府主义理论。但是像圣西门那样成果卓著的天才人物，是会大吃一惊地断然离开那用他的政治理论造成的社会主义的小资产者的。现代科学社会主义最善于进一步发挥圣西门的理论。它在说明国家的历史起源时，正是根据这个理论指出国家未来消亡的条件的。

"国家是整个社会的正式代表，是社会在一个有形的组织中的集中表现，但是，说国家是这样的，这仅仅是说，它是当时独自代表整个社会的那个阶级的国家：在古代是占有奴隶的公民的国家；在

---

① 参见《论联邦原则》（*Du principe fédératif*）一书。——作者

中世纪是封建贵族的国家;在我们的时代是资产阶级的国家。当国家终于真正成为整个社会的代表时,它就使自己成为多余的了。当不再有需要加以镇压的社会阶级的时候,当阶级统治和根源于现代生产无政府状态的生存斗争以及由此产生的冲突和极端行动都被消除了的时候,就不再有什么需要镇压了,也就不再需要国家这种特殊的镇压力量了。国家真正作为整个社会的代表所采取的第一个行动,即以社会的名义占有生产资料,同时也是它作为国家所采取的最后一个独立行动。那时国家政权对社会关系的干预将先后在各个领域中成为多余的事情而自行停止下来。那时,对人的统治将由对物的管理和对生产过程的领导所代替。国家不是'被废除'的,它是自行消亡的"①。

巴枯宁

我们已经看到,这些无政府主义理论的创始者怎样在自己对"国家制度"的批判中总是从空想主义的观点出发。他们各以一个抽象原则为依据:施蒂纳依据"我"的原则,蒲鲁东依据"契约"的原则。读者后来也已看到,这两个"创始者"——蒲鲁东和施蒂纳——都是真正的个人主义者。

有个时期蒲鲁东派的个人主义在拉丁语区诸国(法国、比利时、意大利、西班牙)和斯拉夫语区诸国(特别是在俄国)的影响是很大的。国际(国际工人协会)内部发展的历史就是蒲鲁东主义和

---

① 恩格斯:《社会主义从空想到科学的发展》〔参见《马克思恩格斯全集》,第19卷,第242页。——译者〕。——作者

马克思的现代社会主义之间斗争的历史。不仅像托伦、舍马列或缪拉这样一些人,而且像德·帕普等大大胜过他们的人,都不过是或多或少掩饰的、或多或少彻底的"互助论者"。但是工人运动越是有力地向前发展,"互助论"无论如何不能成为这一运动的理论表现这一点就变得越发明显。在许多次国际代表会议上,互助论者迫于事物的逻辑,都投了拥护"共产主义决议"的票。例如在布鲁塞尔辩论土地所有权的时候就是如此①。蒲鲁东主义大军的左翼逐渐抛弃了个人主义,而隐藏在"集体主义"的保护之下。

"集体主义"一词当时通用的意思,同现在茹尔·盖德和他的朋友这样的法国马克思主义者嘴上所说的意思是完全相反的。那个时候,集体主义最卓越的保卫者是米哈依尔·巴枯宁。

我们讲这个人的时候,不准备讨论他对自己所了解的黑格尔哲学的宣传,以及他在1848年革命运动中的作用,也不涉及五十

---

① "……有一些称呼自己为互助论者的人,他们的经济观点一般来说赞成蒲鲁东的理论。这就是说,他们像这个伟大的革命作家一样,要求取消资本家从劳动那里得到的一切收入,废除利息,要求互相服务,根据生产费用进行产品的平等交换,自由地互助地提供信贷。在这些人中间,很多都主张实行集体的土地所有制。拥护这种观点的例如有四个法国议员:卢昂的奥勃里、巴黎的德拉库、里昂的黎沙尔和马赛的莱蒙尼,比利时人中则有赫·马丹、威利肯,德·巴普、马列沙等人。在他们看来,应用于服务交换和产品交换的互助论,即建立在生产费用的价值的基础上的互助论,也就是说,建立在服务和产品中所包含的劳动的基础上的互助论,同集体的土地所有制之间,是没有矛盾的,虽然土地不是劳动产品,而且按照他们的意见,它因此不服从交换法则,不服从流通法则。"——比利时人王德尔古腾、德·巴普、德列法尔、黑尔曼、德尔普兰克、卢兰、基尔·布拉色对库列里博士在1868年9月《未来之声》(*Voix de l'Avenir*)上登载的一篇论文的答复;这篇答复出现在同一本杂志上,并且作为证明文件重载在《汝拉协会纪念集》(*Mémoire de la Fedération Jurassienne*,松维里叶,1873年,第19—20页)。——作者

年代初期他的泛斯拉夫主义著作和他的小册子《罗曼诺夫、普加乔夫还是帕斯捷里?》(伦敦,1862年);在后面这本小册子中,巴枯宁答应归服亚历山大二世,如果他同意做"暴动者的沙皇"的话。这里使我们感到兴趣的是他的"无政府主义的集体主义"理论。

"和平与自由同盟"盟员巴枯宁在1868年伯尔尼的代表会议上建议这个十足的资产阶级团体拥护"各个阶级和个人的经济平等和社会平等"。包括肖德在内的另一些代表则谴责他宣扬"共产主义"。巴枯宁用如下一段愤怒的话对这种谴责提出了抗议。

"因为我要求各个阶级和个人的经济平等和社会平等,因为我同布鲁塞尔的工人代表会议一起宣布自己是集体所有制的拥护者,人们就谴责我是共产主义者。他们问我,你在共产主义和集体主义之间作怎样的区别呢?我的确感到惊讶:肖德先生这个蒲鲁东的遗嘱执行人会不了解这个区别!我敌视共产主义,因为它否定自由,而我不能设想任何人类的事业可以离开自由。我不是共产主义者,因为共产主义把全部社会力量集中在消耗这些力量的国家手中,因为它必不可免地使财产集中在国家手中,而我却希望废除国家,希望彻底铲除权威原则和国家监督原则,因为这种原则借口人民的开化和完善一直在奴役他们,压迫他们,剥削他们,并且使他们的道德败坏。我力求通过自由的结合从下而上地,而不是在任何政权的帮助下从上而下地组织社会和集体的或社会的所有制。我要求废除国家,因此我要求取消个人的遗产权(de la propriété individuelle héréditaire),因为它不过是一种国家制度而已,不过是国家原则本身的一个产物而已。在这个意义上,先生,我是集体主义者,而绝不是共产主义者。"

如果从原则方面看,这段话很不清楚,从"传记"的观点来看却是十分明确的。

我们不打算长篇分析"各个阶级的经济平等和社会平等"一语所包含的不相调协的意义,国际总委员会早已对它们作了恰如其分的评价了①。我们只指出以下一点:上面引证的这段话证明,巴枯宁:(一)在"一切人都完全自由"的名义下反对国家和"共产主义";(二)在经济平等的名义下反对"个人的遗产权";(三)认为这种遗产是"一种国家制度",是国家原则本身的一个产物,以及(四)如果个人财产不是继承的,个人财产就没有什么可以反对的;如果继承权不是个人的,继承权也没有什么可以反对的。

换句话说:(一)凡是涉及"否定"国家和共产主义的地方,巴枯宁同蒲鲁东是完全一致的;(二)在这种对国家的否定上,他还加上另一种否定——对个人遗产权的否定;(三)他的纲领不过是通过两个抽象的原则——"自由"原则和"平等"原则的一致而得到的总和。他依次地和彼此独立地应用这两个原则来批判现存事物的秩序;他没有问问自己,一种否定的结果是否可以同另一种否定的结果和睦相处;(四)他也像蒲鲁东一样很少懂得私有财产的起源以及私有财产的发展同政治形式的发展的因果联系;(五)他没有弄清楚"个人继承的"一词(他在其他场合也使用过这个词)的真正意

---

① 巴枯宁的联盟,为了参加国际,曾经给国际寄去自己的纲领,纲领中也把这条出类拔萃的平等列进去了。国际当时即向这个"联盟"写道:"各阶级的平等的真正内容就是资产阶级社会主义者如此疯狂地宣扬的劳资和谐。'国际工人协会'的最终的伟大的目的并不是阶级平等,因为阶级平等是一种无法实现的逻辑矛盾,恰恰相反,而是消灭阶级,因为消灭阶级是无产阶级运动的真正秘密。"——作者

义是什么。

如果说蒲鲁东是空想主义者,那么巴枯宁就是双料的空想主义者,因为他的纲领只是附在"平等的空想"上面的自由的空想罢了。蒲鲁东至少在一定的程度仍然忠实于自己的契约原则,而在自由和平等之间分裂为二的巴枯宁则不得不从自己推理的第一步起就牺牲前者以保存后者或牺牲后者以保存前者。如果说蒲鲁东是无可指摘的蒲鲁东主义者,那么巴枯宁就是由"值得痛恨的"共产主义甚至"马克思主义"的混合物臆造出来的蒲鲁东主义者。

实际上巴枯宁对"导师"蒲鲁东的天才并没有不可动摇的信仰,这种信仰看来托伦①是完整地保存着的。按照巴枯宁的意见,"蒲鲁东虽然尽力想站到现实的基础上来,但仍然是一个唯心主义者和形而上学者。他的出发点是抽象的法的观念;他从法出发去考察经济事实,而马克思先生则和他相反,说出了并且论证了为人类社会、各民族和国家过去和现在的全部历史所证实了的无容置疑的真理,就是无论在什么地方经济事实过去和现在都先于司法的和政治的法。阐述和证明这个真理正是马克思先生的主要科学功绩之一"②。在自己的另一本著作中,巴枯宁怀着深刻的信念说道:"任何社会中一切占统治地位的宗教和道德体系都是该社会现

---

① 托伦(Henri-Lonis Tolain,1828—1897),法国雕刻工,右派蒲鲁东主义者。他曾是第一国际巴黎支部领导人之一,在巴黎公社时期投向凡尔赛分子,被开除出国际。——译者

② 《国家制度和无政府状态》,1873年,第223—224页〔参见《马克思恩格斯全集》,第18卷,第690页。——译者〕。——作者

实的、物质的属性的理想的表现,主要是该社会的经济组织的理想的表现;其次,它们也表现该社会的政治组织,因为政治组织实质上无非仅仅是用法律的形式和强迫的形式把前者神圣化罢了。"而且巴枯宁再次称马克思是有发现和证明这一真理的功劳的人①;人们不得不惊讶地问自己:这同一个巴枯宁怎么能够断言私有财产只是权威原则的一个产物呢?这个谜底就在于:他并不懂得唯物主义历史观,他不过是拿这个学说进行"诡辩"罢了。

举一个突出的例子来证明。在上面引证的他的那本俄文著作《国家制度和无政府状态》中,他确信,俄国人民的处境本身包含着构成社会革命(他显然是想说"社会主义"革命)必要条件的两个因素。"他们可以拿来夸口的是极端的贫困以及'标准的奴隶地位'。他们的痛苦是不可数计的,而他们之忍受痛苦不是出于耐心,而是由于深刻的和强烈的悲观失望,这种情绪已经有两次表现为历史上的两次大爆发:斯捷潘·拉辛暴动和普加乔夫暴动。"(附录 A)巴枯宁就是这样理解"社会主义革命的物质条件"的! 需不需要补充说这类"马克思主义"稍许过于"sui generis"②了一些呢?

虽然巴枯宁从唯物主义历史观的角度分析马志尼,但是在同马志尼的斗争中,他远没有理解这一理论的真正意义,远到在他分析马志尼的神学的同一本著作中,他这个真正的蒲鲁东主义者(他实际上是一个蒲鲁东主义者)竟然谈到"绝对的"人类道德。他用

---

① 《马志尼的政治神学和国际》(La Théologie politique de Mazzini et l'Internationale),1871年,纳沙泰尔,第69、78页。——作者
② 与众不同。——译者

如下一类理由来论证这种道德,即"团结一致"的道德:

"每一个现实的人,当他存在的时候,都只是由于他固有的、决定他的性格的全部特点的原则才存在的,这个原则不是任何神灵的立法者强加于他的(这就是我们作者的唯物主义!——格·普),而似乎是自然的原因和结果的某种综合之长期不断的产物。这个原则不是像灵魂放在肉体中那样(如唯心主义者可笑的幻想所希望的那样),它实际上是他的现实存在之必然的和永恒的形式。"

"人类也像所有其他的物种一样,具有一定的唯独他才固有的原则;所有这些原则都结合在一起,或者说归结为一个我们称之为团结一致的原则。这个原则可以用下面一句话表达出来:每一个个人只有当他在其他人身上认识到人性,并且促进其他人实现它的时候,才能认识自己固有的人性,因之也才能使它在自己的生活中得到实现。任何一个人如果不使他周围所有的人同自己一起解放,他就不能得到解放。我的自由也就是所有人的自由,因为只有我的自由和权利在所有同我类似的人的自由和权利中得到肯定和认可的时候,我才是自由的,不仅在观念上是自由的,而且在现实中也是自由的"①。

作为道德格言,巴枯宁所解释的团结一致是一种很好的东西。但是如果把这个绝非"绝对的"道德提升为人类本性固有的和可以说明这个人类"本性"的特点的一种原则,那就等于是玩弄字眼,而完全忽视唯物主义的意义。人类的存在唯有"依据"团结一致的原

---

① 《马志尼的政治神学和国际》,第91页。——作者

则……这是稍许大胆了点的武断。阶级斗争也好,凶狠可怕的"国家"也好,"个人继承的"财产也好,难道这一切都是人类固有的并且说明人类特殊本性的特点的"团结一致"的表现么?如果是的,则一切都吉祥如意,而巴枯宁之梦想进行"社会"革命不过是徒然浪费时间。如果不是,那就证明,人类"依据"不同于团结一致的其他原则也可以存在,而团结一致的原则无论如何也就不是人类本性所"固有的"。其实巴枯宁之提出自己的"绝对的"原则,不过是为了要从中得出这样一条结论:"任何一个民族都不可能有完全的和——在人类使用这个词的意义上——团结一致的自由,如果这种自由不是全体人类普遍享有的话"①。这里暗含着现代无产阶级的策略。如果这句话像国际工人协会章程中所说的意思那样,表示工人的解放不是地方的或民族的任务,恰好相反,而是全体文明民族都感到兴趣的任务,它的解决必然取决于全体文明民族的共同的理论活动和实践活动,——如果是这个意思,这句话就是对的。没有比根据文明人类特定的经济状况来证明这个真理更容易的事了。但是,无论在什么地方,凡属以对"人类本性"的空想主义观点为依据的"理由"总是最没有证明力量的。巴枯宁的"团结一致"只是证明:尽管他熟悉马克思的历史理论,他仍然是一个不可救药的空想主义者。

我们已经指出过,就主要的特点说,巴枯宁的"纲领"是由两个抽象的原则即自由原则和平等原则的简单合成构造起来的。现在我们看到,这样得到的总和可以轻而易举地补上第三个原则,即

---

① 《马志尼的政治神学和国际》,第110—111页。——作者

"团结一致"的原则。臭名远扬的"联盟"的"纲领"更可以再附加其他几个原则。例如：

"联盟宣布自己是无神论的,它要求废除宗教仪式,用科学代替宗教,用人类的正义代替神灵的正义。"

在1870年9月底起义失败时巴枯宁主义者在里昂墙头张贴的传单上,我们读到(第四十一条):"国家现在应当废除,它在偿还私人债务方面再也不能有所作为了。"这是绝对合乎逻辑的,但是要从人类本性所固有的原则中得出不偿还私人债务的结论,那是极其困难的。

巴枯宁在胶合自己的各种"绝对"原则时没有向自己提出问题(而且由于自己方法的"绝对"性质,也没有这样做的必要):他的任何一个原则是不是限制着(即便是在最轻微的程度上限制也罢)其他原则的"绝对"力量呢?或者反过来说,后一些原则是不是限制第一个原则的绝对性呢?所以,凡是一些话有了缺陷,因而必须用比较确切的概念代替这些话的地方,他是"绝对"不可能把自己纲领的各个结论协调起来的。他"希望"取消宗教仪式。但是既然"国家废除了",又由谁来取消它们呢?他"希望"废除个人财产继承权。"但是如果被废除的国家"仍然要继续存在,那又怎么办呢?巴枯宁自己感到这一切并不是完全明白的,不过他很容易心安理得。

在一本普法战争时期问世的小册子《关于当前危机致法国人的信》(Lettres à un français sur la crise actuelle)中,巴枯宁证明说,法国只有通过大规模的革命运动才能得到拯救,他得出结论说,必须唤醒农民起来夺取贵族和资产阶级经营的土地。但是法国农民至今还拥护"个人财产继承权"①。新的社会革命不会更加巩固这个令人厌恶的制度么？

巴枯宁回答说："绝对不会，因为一旦国家被废除了，他们（即农民。——格·普）就会失去国家对财产的庄严的法律制裁和保证。财产不再是权利，它将降低为简单的事实"②。

这的确是令人快慰的！一旦"国家被废除了"，那么过路的随便哪一个比我有力的人甚至不需要用"团结一致"的原则作掩饰就可以占去我的田地；对他说来"自由"的原则就完全够用了。好一个妙不可言的"个人平等"！

巴枯宁承认："自然，事情最初不是完全和平地进行的；会有斗争；社会制度、资产阶级的这个神圣的方舟将被破坏，而这种局面所产生的最初的事实可能造成所谓国内战争。但是难道你们宁愿把法国出卖给普鲁士人吗？……不过别担心农民会互相消灭；甚至就是他们最初要这样做，他们自己很快就会相信继续朝这条路走在物质上是不可能的，而那时我们可以相信，他们会试图互相妥协，达成某种协议，并且组织起来。谋生、供养自己家庭的需要以及由此产生的保卫自己的房屋、家庭和自己的生命不受意外的攻击的必要性，——所有这些都促使每一个单独的人开始互相达成协议。在这种不是受到官方的监护的压力而达成的协议中，最富强的人，除了由于某些事件的力量以外，同样很少可能获得优势影响。如果富人的财富得不到法律机关的保护，它就不再是一种力量。"……

---

① 着重号是巴枯宁本人加的。——作者
② 同上。——作者

"至于说到最狡猾的和最强大的人,那么他们将被全体小农和小规模的农民群众的集体力量所打垮;现在成为困苦无告的群众的农村无产阶级同样也会由于革命运动而获得不可克服的力量。我并不断言,请注意这点,这样从下而上加以改组的农业区域可以一下子建立起在一切细节上都将符合我们的愿望的理想组织。但是我完全深信,这将是生气勃勃的组织,而且这样一种组织将比现存的组织优越一千倍。况且这种新的组织既然可以继续经常接受城市的宣传而且无须巩固、建立法律制裁和国家制裁的固定形式,那它就会自由地进步,就会经常生气勃勃地和自由地发展,不过不是在一定的形式中发展;它的发展和完善任何时候也不会通过法令和法律来实现,然而暂时它并没有达到我们现在只能想望的那种合理的状态。"

"唯心主义者"蒲鲁东深信,政治结构是由于没有"人类固有的"社会组织才"设想出来的"。他曾经决心"发现"这种组织,而既然他做到了这一步,于是政治结构在他看来就没有存在的任何权利了。"唯物主义者"巴枯宁没有自己固有的"社会组织"。他说道:"甚至最深刻和最急进的科学也不可能预测到未来社会生活的形式"①。它应当限于把"活生生的"社会形式同起源于国家的活动的形式,同把一切事物都"固定下来"的形式区别开来,并且否定后者。然则这不是和"人类固有的"社会组织同仅仅为了"秩序"的

---

① 《国家制度和无政府状态》,附录 A。不过对于俄国说来"巴枯宁的科学"仍然要预测出未来社会生活的形式;这将是从现代村社中进一步发展出来的"公社"。主要正是巴枯宁主义者在俄国散布了关于俄国村社的奇怪性质的偏见。——作者

利益而"设想出来的"政治结构的旧日蒲鲁东式的对立一模一样的东西么？难道全部的差别不是归结为"唯物主义者"把"唯心主义者"的空想主义纲领变成更加空想得多、更加模糊得多和更加荒谬得多的某种东西么？

十八世纪的自然神论者在反驳无神论者的时候曾经得出过这样一种结论：认为地球应该把自己的奇怪的构造归因于偶然，这无异于以为只要把足够数量的印刷字母摆到活字盘上，我们就可以偶然排出整整一部《伊利亚特》来。后者反驳自然神论者说，如果这样，那么一切都是时间的问题了，如果我们无限频繁地重复这种排字母的工作，我们归根到底可以把它们安置到合乎愿望的次序中去。这类的争论是合乎那个世纪的口味的，现在来嘲笑它们就会很不公道。不过看来巴枯宁是郑重其事地接受了旧日黄金时代无神论者的论据的，并且利用它来锻造自己的"纲领"。破坏现存的一切吧；假使你们十分频繁地这样做，你们终归要建立这样一种社会组织，它至少会接近你们所"想望"的那个样子。如果我们进行"不断的革命"（不停顿的），一切都会好起来的。这就够是"唯物主义的"么？要是你认为不够，那你就是一个"想望着"不可能的东西的形而上学者！

当巴枯宁反复不断地一方面谈论"社会革命"，另一方面又谈论"政治革命"的时候，我们就再次完整地和十分"生动地"看到"社会组织"和"政治结构"的蒲鲁东式的对立。依蒲鲁东看来，不幸的是社会组织至今都未曾存在过，因此人类不得不"设想出"政治结构来。依巴枯宁看来，直到最近时期为止，从来没有发生过社会革命，因为人类由于没有良好的"社会"纲领而不得不满足于政治革命。但是这个纲领现在发现了,我们再也不必从事"政治"了,我们只要进行"社会"革命就够了。

既然每一次阶级斗争也必然是政治斗争,那么很明显,每一次名副其实的"政治"革命也就是社会革命。同样很明显,正像对于每一个竭力争取自身解放的阶级来说政治斗争永远是必要的一样,它对无产阶级也是必要的。巴枯宁郑重地否定无产阶级的任何政治活动;他仅仅宣传"社会"斗争。这种社会斗争究竟是什么意思呢?

在这里我们的蒲鲁东主义者再次表现自己用"马克思主义"进行诡辩。他动辄拿国际工人协会章程作依据。章程的序言说道:工人之屈服于资本家是政治上、精神上和物质上受奴役的原因;因此工人在经济上的解放是伟大的最终目的,每一次政治运动应当仅仅作为手段而从属于这个目的。① 巴枯宁从这里得出结论说:

"任何政治运动如果没有把工人在经济上立即的、直接的、断然的和彻底的解放作为自己的目的,如果没有在自己的旗帜上用不同的但却十分明显的方式写上经济平等的原则,或者换句意思一样的话说,写上把资本全部归还劳动者的原则,简言之即社会清算原则,——如果这样,那么任何这类的政治运动就都是资产阶级的运动,也就应当把这种运动从国际运动中勾销掉。"

但是同一个巴枯宁早就听人说过:人类的历史运动是合乎规律的过程,不可能在任何一瞬间临时安排一次革命。因此他终于不得不向自己提出一个问题:在"把我们同人人早就预感到的那次可怕的社会革命分隔开来的这个或多或少相当长的时期"的过程

---

① 参见《马克思恩格斯全集》,第 17 卷,第 475 页。——译者

中，国际应该采取怎样的政策呢？尽管他经常援引《国际章程》，但同时他怀着最深刻的信念回答道：

"民主派资产阶级或资产阶级社会主义者的政策应当毫不留情地勾销掉；如果他们宣称，政治自由是经济解放的前提，那么他们对这些词只能作如下的了解：政治改革或政治革命应当先于经济改革或经济革命。因此工人应同或多或少急进的资产阶级联合起来，起先同他们一起共同争取政治的改革，然后才在和同一个急进的资产阶级作斗争中单靠自己的力量来实现经济的改革。我们要大声反对这种倒霉的理论，因为对于工人们来说它不过表示他们要再一次被人利用来作为反对自己的武器，因为它会使他们重新受资产阶级剥削。"

国际"命令"（"commande"）我们拒绝"任何民族的或地方的政策"；它应当使世界各国工人的宣传鼓动具有"真正经济的"性质，提出"减少劳动钟点和增加工资"作为自己的目的，而手段则是联合工人群众和建立抵抗储金会（Widerstandskassen）①。不言而喻，减少劳动钟点应当在没有可诅咒的"国家"的任何帮助下实行②。

巴枯宁不懂得工人阶级在自己的政治活动中完全可以同所有剥削者的政党分清界线。他认为工人阶级在政治运动中除了充当急进资产阶级的帮闲以外起不了任何别的作用。他宣传过去英国工联主义者的"真正经济的"策略，他甚至料想不到，正是这个政策

---

① 抵抗储金会，是工人的一种经济组织，在罢工时用来维持工人及其家属的生活，抵抗资本家的经济压力。——译者

② 参见巴枯宁的论文《"国际"的政策》（"La politique de l'Internationale"），载《平等报》（*Egalité*），日内瓦，1869年8月。——作者

曾经使得英国工人坐在自由派的拖船上行进。

巴枯宁不愿意工人阶级参加以夺取和扩大政治自由为目的的运动。他谴责这些运动是资产阶级的运动,以为他自己才是非常革命的。其实他这样正好暴露出自己的"真正的保守主义",假使工人阶级某个时候遵循了这种指导方针,那么政府只会额手称庆①。

当代真正的革命者对社会主义者的策略的理解是完全不同的。他们"支持一切旨在反对现存社会政治制度的革命运动"②,但是这并不妨碍(甚至相反!)他们把无产阶级组织为完全同一切剥削者的政党分离开来的政党,来反对整个"反动的一帮"。

正如我们所知道的,蒲鲁东对"政治"并未抱过火的同情,但他毕竟鼓动过法国工人投票赞成答应"构成价值"的候选人。巴枯宁连听也不愿意听一句关于政治的话。工人没有利用政治自由的可能,因为"他缺乏必要的两件确乎微小的东西——闲暇和物质资料"。因此这种自由只不过是资产阶级的谎言而已。谈论工人候选人的人们是在嘲笑无产阶级。

"工人议员一旦置身于资产阶级生活条件和彻头彻尾的资产阶级政治思想环境中,就不再是真正的工人了;为了做国务人员,他们会变成资产者,也许比真正的资产者更甚。因为不是人创造条件,而是条件创造人"③。

---

① 巴枯宁对政治自由所发表的深恶痛绝的言论,在某个时候曾给俄国革命运动造成了很令人伤心的影响。——作者
② 《共产党宣言》,第四章〔参见《马克思恩格斯全集》,第4卷,第504页。——译者〕。——作者
③ 1869年8月28日《平等报》。——作者

后面这个论据,几乎是巴枯宁从唯物主义历史观那里学来的全部知识。人是社会环境的产物,这绝对正确。但是要善于运用这个无可争辩的真理,就必须否弃陈旧过时的形而上学思维方式,因为这种思维方式把事物看成是一个接着一个而彼此互相独立的东西。然而和他的导师蒲鲁东一样,尽管巴枯宁也向黑格尔哲学频献秋波,终其身仍不外是一个形而上学者。他不懂得,创造人的环境,当它在改变自己的创造物即人的时候,就可能变成另一种环境。巴枯宁在论及无产阶级的政治活动时所指的环境,是议会制资产阶级的环境。这个环境必不可免地要败坏工人议员。但是也有选举人的环境、完全自觉地追求自己的目的和组织得很好的工人政党的环境,难道这个环境对无产阶级的当选人不能有任何影响么?否!经济上受奴役的工人阶级永远会处于政治上的奴隶地位,在这个领域内它永远会是最弱者。要使它得到解放,必须从发展经济着手。巴枯宁没有看出:这样进行推论就必不可免地要得出结论说,如果生产工具占有者本人不肯自愿地放弃这些生产工具,并把它们赐给工人,无产阶级就绝对不可能取得胜利。实际上工人之受资本家奴役不仅是政治上处于从属地位的根源,而且也是精神上处于从属地位的根源。怎么可能要求精神上受奴役的工人起来反对资产阶级呢?这就是说,为了使工人运动成为可能,首先必须实现经济革命。然而经济革命只有作为工人本身的事业才是可能的。于是我们就陷入一个没有出路的迷宫。从这个迷宫中走出来对现代社会主义而言是轻而易举的,但是巴枯宁和巴枯宁主义者却一直在其中转来转去,除了在逻辑上 salto mortale① 以

---

① 翻翻斤斗。——译者

外，找不到别的解救机会。

议会环境对工人议员的腐化影响，直到最近仍然是无政府主义者批评社会民主党的政治活动的一个得意的论据。我们已经看到，从理论的观点来看它有怎样的价值。即使对德国社会党的历史只有最肤浅的认识也足以相信：实际生活如何破坏着无政府主义者的担忧。

巴枯宁既然根本否定任何"政治"，所以他知道自己不得不追随英国工联主义者的策略①。

但是他也感到这个策略是不够革命的，并且力求借助于自己的"联盟"，借助于建立在最古怪的、粗野虚妄的集中主义原则上的特种秘密的国际协会来摆脱窘境。屈服在无政府独裁的最高主教的专政权威下的、"国际的"和"民族的"弟兄们在加速和引导革命运动时必须"遵循其经济本性"。同时巴枯宁又宣传工人和农民实行暴动和地方起义；尽管这样做必然要遭到镇压，但是他肯定地认为，这毕竟会对被压迫者革命精神的发扬产生良好的影响。不言而喻，他采取这样的"纲领"可能给工人运动造成许多弊害，然而对于他曾经梦想的"直接的"经济革命说来，他甚至不能向前推动半步②。

---

① 他甚至落后于他们了。因为即便是最反动的英国工会也没有轻视只要可能就以工人政党或工业的一定利益为名从立法机构中得到好处。——作者

② 关于巴枯宁在国际中的活动，请参见总委员会的下面两个通告：（一）《所谓国际内部的分裂》(*Les prétendues scissions dans l'Internationale*)和（二）《社会主义民主同盟》(*L'Alliance de le Démocratie socialiste*)（德文本的标题是：《反对国际的阴谋》）。另请参见恩格斯的论文《行动中的巴枯宁主义者》〔以上三篇文章，参见《马克思恩格斯全集》，第18卷，第3—55、365—515、521—540页。——译者〕。——作者

往下我们会看到,巴枯宁主义者的"暴动"理论会导致什么结局。现在我们试图把我们关于巴枯宁所说过的一切作一总结。他本人的话帮助我们解决了这个任务:

"在泛德意志的旗帜上(即在德国社会民主党的旗帜上,因此也就是在整个文明世界社会民主党的旗帜上。——格·普)写着:无论如何要保持和加强国家。反之,在社会革命的旗帜上,即在我们的旗帜上(读作在巴枯宁主义者的旗帜上。——格·普)则用火一般的、血一般的文字写着:破坏一切国家,消灭资产阶级的文明,从下而上地通过自愿的联合自愿地组织起来,即把摆脱一切束缚的干粗活的贱民(原文如此!)组织起来,把整个得到了解放的人类组织起来,建立新的全人类的世界。"

巴枯宁用这些话结束了自己的主要著作:《国家制度和无政府状态》。我们让读者来正确地判断这段说白在修辞上的美吧。至于我们,我们只能声明说,它根本没有任何人类意义。

巴枯宁主义者的"旗帜"上所"写"的其实是谬论,彻头彻尾的、地地道道的谬论,对于所有还没有被多少响亮但是完全荒谬的空谈所麻醉的人说来,并不需要任何血一般的和火一般的文字就可以充分明白这个道理。

施蒂纳和蒲鲁东的无政府主义是彻底个人主义的。巴枯宁"不愿意"要个人主义,或者说得更正确些,他只"愿意"要个人主义的一个方面。因此他就发明了无政府主义的集体主义。但是他的这个发明的价值是很低廉的。他曾经用平等的空想来补充自由的空想。但是既然这两个空想不"愿意"和平共处,既然它们碰在一起就要突然地大声叫喊,于是他就把两者都抛进了"不断革命"的熔炉中,那时它们自然只好鸦雀无声了——这原因很简单,因为两者都完全化为蒸汽挥发掉了。

巴枯宁——这是空想主义的颓废派。

徒子徒孙们

现在无政府主义者中间有些人,例如《无政府主义者。十九世纪末期文化概论》一书作者约翰·亨利·马凯,仍然坚持个人主义,而另一些人数多得多的无政府主义者则自称为"共产主义者"。他们就是无政府主义运动中巴枯宁的后代。他们用各种极不相同的语言创造了篇幅相当大的著作;这种著作由于自己的"用行动作宣传"引起了这样多的轰动。

这个学派的使徒是俄国流亡者彼·阿·克鲁泡特金。

我们不打算分析现代的个人主义的无政府主义者的学理,他们的师兄弟、共产主义的无政府主义者,甚至把他们当作资产者对待[1]。

我们直接讨论无政府主义者的共产主义。

---

[1] 无政府主义者中间有少数个人主义者只在批评国家和法律的时候才是有力的。至于说到他们的建立新制度的理想,则不是陷于他们自己绝对不会在实践中加以实现的清高吟咏,就会像波士顿的《自由报》(Liberty)的出版者一样完全融化在现代资产阶级的体系中。他们在保卫自己的个人主义的时候就是在恢复国家和它的一切特征(法律、警察以及所有其他的特征),尽管他们曾经如此坚毅地否定它。还有一些人,像奥伯隆·赫伯特,则接近于"Property Defense League"("财产保卫同盟")、"地产保卫同盟"。参见《暴动者》(La Révolte),1893 年第三十八号,关于无政府主义的论文。——作者

共产主义的这个新变种的观点是怎样的呢?

克鲁泡特金肯定地对我们说:"无政府主义思想家所遵循的方法完全不同于空想主义者的方法。"

"无政府主义思想家为了建立他认为最好的条件来获致人类的幸福,并不采用形而上学的概念(如"自然权利"、"国家义务"等等)。相反,它沿着现代进化哲学所指出的道路行进……它研究人类社会的现在和过去。他既不使人类,也不使单个人具有比他们实际上所具有的更高尚的品质,而只把社会看成是有机体的集合(组合),为了人类的福利,他试图发现最好的方式把个人的需要同合作组织的需要协调起来。他研究社会,试图发现它过去和现在的趋向、它的迫切的精神需要和经济需要,在这方面他也只指出正在发展的方向"①。

总之,共产主义的无政府主义者不再同空想主义者有任何共同之点。他们在研究制定自己的"理想"时并没有想去依据像自然权利、国家义务之类的形而上学概念。这是不是真的呢?

在"国家义务"上克鲁泡特金是完全正确的:假使无政府主义者一方面主张国家消亡,同时又诉诸国家的义务,那就未免太可笑了。但是说到"自然权利",那克鲁泡特金就绝对错误了。只要引证一些话就足可以证明这一点。

就在《汝拉联合会简报》(1877年第三号)上我们发现下述具

---

① 《无政府主义者的共产主义:它的基础和原则》(Anarchist Communism: Its Basis And Principles),彼·克鲁泡特金著,承编者允许发表在伦敦1887年2月和8月号的《十九世纪》上。——作者

有特色的声明:"人民的主权只有在具备个人和集团最充分的自治的场合下才能存在。"难道这个"最充分的自治"不是"形而上学概念"吗?

《汝拉联合会简报》是集体主义的无政府主义者的机关报。在无政府主义的集体主义和无政府主义的共产主义之间实际上是没有任何区别的。但是为了避免有人责备我们把集体主义者的责任推到共产主义者身上起见,我们且看看"共产主义者"的公开言论,我们不仅要分析它们的精神实质,而且要逐字逐句地予以探讨。

1892年秋,有几个"同伴"因为偷盗索阿西-苏-埃蒂奥勒的炸药曾受到凡尔赛陪审法庭的审判。被告中有一个名叫埃蒂凡的人。他草拟了一篇关于无政府共产主义原则的宣言。但是法庭剥夺了他的发言权。当时无政府主义者的机关报《暴动者》(La Révolte)费了很大的周折才弄到一份确切的、同原稿完全一致的抄本,随后就发表了这份宣言。《埃蒂凡的宣言》在无政府主义者圈子里产生了强烈的反响,甚至像奥克塔夫·米尔波这样"有教养的"人士也怀着尊敬的心情,同像巴枯宁、克鲁泡特金、"无与伦比的蒲鲁东"以及"贵族派的斯宾塞"(!)这样的"理论家"的著作并列地加以引证。请看埃蒂凡的论证方法吧。

我们的任何一个观念都不是天赋的;这些观念当中的每一个观念都是通过我们的感官使我们获得的各种数目多得无限的印象所产生的。个人的每一个行动都是一个或许多个观念的产物。因此人是没有责任的。如果有责任,那么在这种场合下,意志就一定会决定感觉,感觉又一定会决定观念,而观念则决定行动。但是既然感觉反而决定意志,那么自由的选择就不可能有,任何奖励以及惩罚同样都是不公正的,无论善行或罪恶有多么大。

"没有充分的标准就不能评判人,也不能评判他们的行为,而这个标准是没有的。无论如何它在法律中不存在。因为真正的正义是不变的,而法律却是变化的。法律如此,所有其余(!)事物也是如此("comme de tout le reste")。因为如果这些法律是好的,干吗要议员和参议员来修改它们呢? 如果它们是坏的,又何必要司法官吏施行法律呢?"

埃蒂凡对"自由"作了这样的叙述以后就转过来讨论"平等"。

一切生物,从动植物起到人为止,或多或少都具有完善的器官,器官的使命就是为这些生物服务。因此根据大自然母亲的明显的意志,一切生物都有利用自己器官的权利。

"比方说:有脚,我们就有权到能够去的任何地方去;有肺,我们就有权呼吸能够呼吸的一切空气;有脑,我们就有权思考自己所想的和能够从别人的思想那里接受过来的一切;有说话的能力,我们就有权说能够说的一切;有耳,我们就有权听能够听的一切,——这一切我们都有权去做,因为我们有权活着,因为这一切都是生活的构成部分。这是真正的人权! 无须用法令来规定它们:它们存在着恰如太阳存在着一样,它们既不是写在任何宪法上,也不是写在任何法律上,而是用不可磨灭的文字记载在伟大的自然之书上面,它们也没有时效。从幼虫到大象,从草茎到橡树,从原子到星星,全都证明这一点。"

如果这不是最坏的一种"形而上学观念",不是对十八世纪形而上学唯物主义的严重讽刺,如果这是"进化的哲学",那就应当承认,它同我们时代的科学运动毫无共同之处。

我们来听听另一个权威人士的意见吧。读读曾经驰名一时的让·格拉弗的著作《垂死的社会和无政府状态》(*La société mourante et l'anarchie*)吧,这本书前不久还遭到法国司法当局的查禁,认为它是危险的,其实它不过是十分可笑的罢了。

"无政府状态是权威的否定。权威根据必须保存社会制度如家庭、宗教、财产等等得出自己存在的权利。为了确立和保证自己的权力,它建立了一整套机构系统。其中最主要的是:法律、诉讼程序、军队、立法权和行政权等等。因此无政府主义者的观念不得不对这一切都做出答复,同一切社会偏见发生冲突,它应当深入一切人类知识,并且证明,它的概念同人的生理本性和心理本性是一致的,它完全符合对自然法则的观察,然而现代的组织却是违反任何逻辑和理性建立起来的……无政府主义者起来反对权威的同时,也一定要进行斗争来反对政权所保卫的并且对其必要性企图加以证明,从而希望证明自己本身必须存在的所有那些制度"①。

我们看到,什么是"无政府主义者的观念"的"发展"。这个观念"否定了"权威。权威为了保卫自己,曾经援引家庭、宗教、财产。于是"观念"就认为自己不得不攻击这些看来以前根本没有为它所注意的制度;同时由于"观念"希望给自己的概念装点门面,它曾深入到人类的一切知识(有时不幸的事情倒变成了好事)。所有这些都只是偶然的事情,都只是权威使得它同"观念"之间发生的争论具有的一种意外转变的简单结果。

在我们看来,不管无政府主义者的观念掌握了多么丰富的人

---

① 参见格拉弗(J. Grave):《垂死的社会和无政府状态》,第 1—2 页。——作者

类知识,它丝毫也不是共产主义的;它把自己的知识暗暗地藏起来,而让贫乏的"同伴们"继续处在完全无知的状态中。克鲁泡特金可以尽量地向无政府主义思想家高唱赞歌,但他绝对不能证明他的朋友格拉弗能够超过毫无价值的形而上学的水平,即使超过一点点也好。

让克鲁泡特金再读一下埃利泽·邵可侣①这位天保佑的"伟大的理论家"的无政府主义小册子吧,让他扪着良心说说,其中除了求助于正义、自由及其他"形而上学的概念"以外,是不是还有任何东西。

况且最后,就连克鲁泡特金本人也完全没有那么摆脱掉"形而上学",像他所认为的那样。远非如此!例如1879年10月12日他在绍-德-封举行的汝拉联合会全体会议上就说过:

"过去有个时候,人们甚至否认无政府主义者有生存的权利。国际总委员会把他们看成是叛徒,报刊把他们看成是幻想家,几乎整个世界都把他们看成是愚蠢的人。这个时代已经过去了。无政府主义者的党证明了自己的生命力;它克服了阻碍它发展的种种困难;现在它被承认了(被谁呢?——格·普)。为此曾经首先必须使党在理论的基础上进行斗争,使它提出自己的未来社会的理想,使它证明理想,尤其是它应当证明这个理想不是书斋幻想的产物,而是直接来自人民的心愿,它同文化和思想的历史进步是完全

---

① 邵可侣(Jean Jacques Elisée Reclus,1830—1905),法国地理学家、社会学家、无政府主义理论家。其主要著作有《新世界地理——大地和人类》(19卷,1876—1894)等。普列汉诺夫对邵可侣无政府主义理论的批判参见本书附录。——译者

符合的。这个工作已经完成了"……

难道这种追求未来社会最好理想的做法不是地地道道的空想主义的方法么？的确，克鲁泡特金企图"证明"这个理想不是书斋臆造的产物，而是来自人民的心愿，并且符合文化和思想的历史发展。但是哪一个空想主义者不企图作同样的武断呢？一切都决定于证据的价值，而在这一方面，我们这位可爱的同胞比起几位伟大的空想主义者来就不知道差到哪里去了，他把这些人当作形而上学者，但他自己对现代社会科学的方法却没有丝毫的概念。

不过在研究证据的价值以前，我们且认识一下理想本身。克鲁泡特金是怎样设想无政府主义者的社会的呢？

"雅各宾分子"（克鲁泡特金之敌视雅各宾分子，比我国那位可爱的女皇叶卡捷琳娜二世对他们的敌视还要更加强烈）这伙革命的政客们在致力于改组国家机器的时候，曾经使人民饿得要死。无政府主义者的做法将有所不同。他们要破坏国家，鼓励人民去剥夺富人，而在开始剥夺的时候，他们就编制公共财产的清册和组织分配。

"一切将由人民自己来完成。只要解开人民的手脚，在一星期之内将以惊人的正确性把供应食品的工作安排得井井有条。这一点，只有从来不曾见过劳动群众怎样工作而埋头于故纸堆中了却终生的人才能有所怀疑。同那些在巴黎街垒战斗的日子里见过人民（克鲁泡特金并未见过他们。——格·普）的人谈谈人民这个未经公认的天才的组织才能吧，或者同不久前伦敦发生大规模罢工、必须供养几百万饥民的时候曾经见过人民的那些人谈谈吧,他们会告诉你们,人民比这些囿于一室之内的官僚主义者究竟高出多少"①。

根据全国人民对生活必需品的需要而建立起来的制度将是十分公正的,它丝毫没有雅各宾主义的味道。

"只有一个唯一的、同正义感一致的而且切实可行的制度:就是尽量(字面意义是大量)从有余者身上取来口粮,并且分配给必须得到适当分配的人。三亿五千万欧洲居民中间就有两亿人完全应当实行这种必要的步骤。"

这也就证明无政府主义者的理想来自"人民的心愿"。在衣着和住房方面,情况也是如此。人民按照同一方式安排一切。

"要发生变革,这是无可怀疑的。只是这种变革不应当导致全盘的损失;应当把损失减少到最低限度。因为(我们要始终不倦地重复这一点)我们重视的是实际利益,而不是进官府,我们要使所有人的烦恼都减少到最低限度"②。

因此,从革命的最初几天开始,我们就要有组织。握有主权的"个人"的任性将被限制在社会的需要和事态的逻辑的合理范围之内。而且仍然将有充分的和彻底的无政府状态;个人自由将得到拯救,它将是不可侵犯的。这看起来难以置信,但这是实际情形:是无政府状态,但也有组织;有人人必须遵守的规则;尽管这样,每个人都可以做他高兴做的事。你们不懂得这一点么?事情是十分简单的。这个组织不会是"以权威自居的"革命者双手的事业;所

---

① 《面包掠夺》(La conquête du Pain),巴黎,1892年,第77—78页。——作者
② 同上书,第111页。——作者

有这些必须遵守但仍然是无政府状态的命令,将由人民这个未经公认的天才自己来宣布,而人民是很聪明的;凡是见过街垒战斗的人都可以说明这一点①。

但是,假使这个未经公认的天才做出建立克鲁泡特金如此痛恨的"官府"的愚蠢行为,又怎么样呢?假使他们像1871年3月发生的情况一样给自己任命一个革命"政府",又怎么样呢?那时我们会说,人民错了,我们会力求使他们接受比较正确的思想方式,必要时还会在坐在"太师椅"("Sesseldrücker")上的那些人身旁丢几个炸弹。一方面我们要使人民组织起来,另一方面我们又要破坏他们的组织。

无政府主义者的伟大理想就是这样在想象中实现的。他们以个人自由的名义使个人的行动和整个革命者政党的行动服从于"人民"的行动,使个人湮没在群众之中。一旦习惯于这种逻辑过程,就再也遇不到任何困难了,那时就可以夸耀自己的"不以权威自居"和"不空想"了。再没有什么比这更轻便、更愉快的了。

---

① 鉴于克鲁泡特金在各船坞大罢工的时期曾在伦敦,有机会亲身了解把生活必需品送给罢工者的方法,所以我们认为必须明确指出,事实同根据上面引用的克鲁泡特金的话可以推出的结论是不一样的。由职工会的代表组成并且得到国家社会主义者(强皮昂)和社会民主党人(约翰·白恩士、汤姆·曼、爱琳娜·马克思-爱威林)支持的组织委员会,同食品商人缔结了一些协定;它把马克分给了罢工者,他们就用马克从商人手里得到了一定数量的物品。全部征集来的货币都交给了供应者,其中相当大的一部分是由受到资产阶级报刊鼓励的资产阶级上流社会提供的。食品之分配给罢工者或由于罢工而失去工资的人,是由救援大军,由经过严格集中的、按官僚主义方式组织起来的机构以及其他慈善团体主持的。然而这一切同"革命以后的第二天"食品的获得和分配、同所谓"食品供应服务"组织很少共同点。当时食品是存在的,问题只是在于对它们进行购买和分配,以便给予援助;"人民"即罢工者在这方面恰恰没有自己帮助自己,而是别人帮助他们。——作者

但是要消费就要生产。克鲁泡特金知道这一点,而且知道得很有根据,竟致在这个问题上给"权威主义者"马克思一个很好的教训。

"现代组织的罪恶,不是像洛贝尔图斯和马克思所武断的那样在于生产的'剩余价值'为资本家所得,这样一来就缩小了社会主义的世界观和关于资本统治的一般的基本观念。剩余价值本身是更深刻的原因的结果。罪恶在于:一般来说无论什么'剩余价值'都是以简单的、这一辈人没有消耗完的剩余物的存在为前提的。因为要形成'剩余价值',受饥饿逼迫的男子、妇女和儿童就应当为了他们所生产的,主要是也能够生产的那个价值的最小份额而出卖自己的劳动力(可怜的马克思啊,你对博学的公爵所叙述的——不过稍微有些模糊不清——这些深刻的真理竟没有任何观念!——格·普)……实际上,如果不得不同时剥削其他成千的工人,把任何生产部门内所实现的利润分为相等的部分是不够的。全部问题在于用最小的人类能力的消耗生产出最大数量为普遍幸福所必需的产品。"(着重点是克鲁泡特金加的。)

我们这些可怜的无知的马克思主义者,原来从未听说过社会主义社会要求有计划地组织社会生产过程。既然克鲁泡特金为我们做出这个发现,那么最好是看看他怎样说明究竟用什么方式来进行这种组织工作的。在这个问题上他告诉我们一些十分有趣的东西。

"设想一个由从事农业和各部门工业的几百万人组成的社会,例如巴黎以及塞纳省和瓦兹省。假定在这个社会里所有的儿童都同样进行精神劳动和体力劳动的锻炼。再假定除了从事儿童教育工作的妇女以外,所有从二十岁或二十二岁到四十五岁或五十岁的成年人都必须每天工作五小时,但可以选择在任何一个他所喜爱的劳动部门中进行工作。这样的社会本可以保证成员们过着比现时资产阶级所享受的更加实在的自由生活。这个社会的每一个劳动成员每天至少都将有五小时可以用来献身于科学、艺术或致力于其他并非必需的个人需要;往后,随着人类生产率的增长,所有现在认为是不可企及的奢望的事情也将归入必要的需求之列"①。

在无政府主义者的社会里不会有任何权威,而只有契约(您又在这里,蒲鲁东先生! 我们看到,您至今还很旺健!)。由于契约,无限自由的个人"必须"在这个或那个"自由公社"中劳动。契约,这就是正义、自由和平等,这就是蒲鲁东、克鲁泡特金和其他的圣徒。但同时跟契约开玩笑是不行的! 它完全不是像初看起来那样无力自卫的东西。其实,即使签署自由契约的人不乐意履行自己的义务也没有问题。那时他将被驱逐出自由的公社,而且要遭受到死于饥馑的危险——前途是不妙的。

"假设有一个团体或一些人自愿地联合起来经营一个企业,为了使它获得成功大家都非常努力地工作,唯有一个人十分草率地履行义务;难道因为他就必须解散整个团体,或者任命一个首长来实行惩罚,或许像学校里一样发出勤统计表么? 显然不要采取任何这一类的办法,总有一天人们会对那个危害整个企业的人说:'朋友,我们本来愿意同你一起工作的,但是既然你常常旷工,或者

---

① 《面包掠夺》,第 128—129 页。——作者

干起活来粗心大意,我们就不得不分手了。去找愿意容忍你这种粗枝大叶态度的别的同伴吧!'"①这实际上是相当尖锐的,但是请看一看一切在外表上是怎样被遵守的,他的言词是多么"无政府主义的"。的确,如果"无政府共产主义者的"社会中人们只是由于信念或者至少是由于自由签订的契约而被送上断头台,我们是不会惊异的。

况且,开导懒惰的"自由的个人"的这种无政府主义者的办法也是完全"自然的":它现在通行于"各地所有的工业部门,和种种罚金制度、薪金克扣办法、监督制度等等并行不悖。工人要在规定的时间里进工厂,但如果他的工作完成得不好,如果他由于疏忽大意或者别的过失而妨碍自己的同伴,如果他与人不和,那就完蛋了。他就会被迫离开工厂"②。可见,无政府主义者的"理想"同资本主义社会的……"倾向"是完全和谐一致的。

不过这样一些极端的措施是绝少采用的。从国家和资本主义剥削制度的桎梏下解放出来的那些个人,按照自己自由的动机,将会满足伟大的整体即社会的要求。一切都是通过"自由协商"来实现的。

"总之,女士们和先生们,让别人宣传工业的军营和保存权力的共产主义修道院吧。我们则宣称,社会的倾向是朝相反的方向发展的。我们看到,千百万的团体怎样自由地组织起来满足人的种种需要;一些团体按照市区、街道、房屋组成,另一些团体则跨过

---

① 《面包掠夺》,第201—202页。——作者
② 同上书,第202页。——作者

城墙(!)、跨过边界和海洋互相携起手来。它们全部由自由地互相找拢来的人组成,这些人作为生产者完成了工作以后,便联合起来进行消费,或者进行奢侈品的生产,或者致力于把科学转向一个新的方向去。这是十九世纪的倾向,而我们也正在追随下去。我们只希望没有政府方面的障碍而让它继续自由发展。让个人自由吧!傅立叶说过:'拿一些小石子,把它们放在盒子里,然后摇动盒子,结果就会得到一个马赛克①,如果你们委托什么人按照和谐的次序去摆布它们,你们是绝对得不到这样的马赛克的'"②。

一位机智的人说过,无政府主义者的信条可以归纳为两条幻想的规律:

一、将来什么都不会有。

二、不托付任何人去实现上面这一条。

这是不正确的。无政府主义者说:

一、一切都会有。

二、不托付任何人去关心将来要有的事情,——听之自然。

这是很吸引人的"理想",不幸的只是未必能够实现。

克鲁泡特金认为甚至在资本主义社会中也存在的"自由协定"究竟是什么样的东西呢?他引用两类例子来证明:一类例子与商品的生产和流通有关,第二类例子与各种余业团体方面有关,例如学术团体、慈善团体等等。

---

① 马赛克(mosaico),原系建筑和艺术方面的名词,指用各种木块、石块、金属块或瓷砖镶嵌成的图案,转义为:五花八门什么都有的集合体。——译者

② 《在社会主义进化中的无政府状态》(*L'anarchie dans l'évolution socialiste*)〔在列维大厅所作的学术讲演〕,巴黎,第20—21页。——作者

"拿所有的大企业来说,例如苏伊士运河、横越大西洋的航行、连接两美洲的电报,总之,拿所有的商业组织来说吧,它们保证我们每天早晨可以从卖面包的人那里得到面包,从卖肉的人那里得到肉,从各种商店那里得到你们所需要的一切。难道这全都是国家的事情么?自然,现在我们付给经纪人的钱是十分昂贵的。因此有更多的理由除掉这些人,但是不要以为,必须托付政府来关心我们的衣食"①。

真是怪事!开始的时候我们骂马克思,说他只想到消灭"剩余价值",而没有生产组织的观念,结尾的时候我们却要求消除"经纪人"的利润,宣扬(在事情涉及生产的时候)资产阶级的"laisser faire laisser passer"②。马克思可以不无理由地说:最后笑的人笑得最好!

我们大家都知道企业主的"自由协定"是什么意思。我们只能对那些认为这种协定表示共产主义的先声的"绝顶"天真的人感到惊奇。为了使生产者不再成为自己产品的奴隶恰好必须消除这种无政府主义者的"协定"③。

至于真正是自由地组织起来的学术团体、艺术团体、慈善团体等等,连克鲁泡特金本人也知道这个例子有多大的价值。这些团体"是由人们在作为生产者完成了自己的工作以后,自由地互相找拢来组成的。"虽然这并不完全正确(因为在这类的团体中通常是

---

① 《在社会主义进化中的无政府状态》,巴黎,第19页。——作者
② 放任自流。——译者
③ 克鲁泡特金说到"苏伊士运河"。为什么不说巴拿马呢?——作者

遇不到一个生产者的），但这毕竟证明只有在结束了生产以后才能是自由的。因此，对于下面这个主要问题说来，人所尽知的"十九世纪的倾向"丝毫没有告诉我们什么东西，这个主要问题就是：怎么能够使无限的个人自由同共产主义社会的经济需要符合起来。既然这一种"倾向"构成我国这位"无政府主义思想家"的全部科学装备，那么我们就不得不得出结论说：他之向科学求援不过是一句简单的空话罢了；不管他怎么鄙视空想主义者，他自己就是一个最无远见的空想主义者、一个对"最好的理想"的平凡的猎逐者。

"自由协定"创造着奇迹，如果这不是在不幸还不存在的无政府主义者的社会中，那至少是在无政府主义者的论据中。

"随着现代社会的崩溃，个人就不再需要为未来积累财富，不过要废除货币或有价证券现在还不可能；既然在新社会里每个人的一切需要都保证可以得到满足，而且个人的动机只会成为经常追求进步的理想；既然个人和个人的关系、或者集团和集团的关系不再建立在商业交易的基础上，在进行这种交易的时候每一个参加者都只会力求愚弄自己的对手（这就是克鲁泡特金所谓的资产者的自由协定！——格·普），那么，交往就会在互相帮助的基础上进行，这时私人利益就不会起什么作用了，达成协议就轻而易举了，纠纷的原因也会消失"①。

问：新社会将怎样来满足自己成员的需要呢？它怎样保证他

---

① 格拉弗：《革命后第二天的社会》(*La Société au lendemain de la Révolution*)，巴黎，1889年，第61—62页。——作者

们对第二天满怀信心呢?

答:通过自由协定。

问:仅仅以个人的自由协定为依据是否可能进行生产呢?

答:完全可能! 为了相信这一点,只要假定明天是有保证的,一切需要都会得到满足,——一言以蔽之,只要假定由于有了自由协定进行生产是毫无障碍的。

这些同伴的逻辑多么奇怪! 建立在不合逻辑的前提上的理想该是多么美妙啊! ["有人反对说,让个人像他们所欢喜的那样组织起来,就会发生今天存在于个人之间的、集团之间的竞争。这是一个误会,因为在我们期望的社会中,货币将消灭,因此不再会有产品的交换,而只有服务的交换。而且要进行我们预期能够完成的这种社会革命,我们必须假定在群众——或者至少在群众的相当少数里面——思想里将会发生某种观念的演变。但是如果工人们有足够聪明消灭资产阶级剥削的话,那就决不是为了要在他们中间重新建立剥削,尤其是当他们得到保证:他们所有的需要都将得到满足时。"①

这是不可置信的,但却是无可争辩地确实的。]②无政府主义者的理想的唯一基础就是这个 petitio principii③;他们用来作为前提的正是应当加以证明的东西。"深刻的思想家"格拉弗这个同伴的前提特别丰富。只要他遇到困难,他就"假定"这个

————————

① 格拉弗:《革命后第二天的社会》,第47页。——作者
② 方括弧中的话是据英译本补入的。——译者
③ 预期理由。——译者

困难已经不存在了,于是一切都在这个最好的理想中安排得十分美好。

比起"博学的"克鲁泡特金来,"深刻的"格拉弗更不谨慎。他在把"理想"弄到"绝对"荒唐方面也是独一无二的。他问道:如果在"革命后第二天的社会"中有一个父亲拒绝让自己的孩子受任何教育,那该怎么办呢?父亲是有无限权利的个人。他遵循着无政府主义者的原则:"爱干什么就干什么"。因此任何人都没有权利开导他。但是反过来,孩子也可以做他愿意做的一切,而现在他希望学习。怎么解决这个冲突呢?怎么摆脱这个窘境而又不破坏无政府主义的神圣的法则呢?——借助"假定"。

"由于关系(公民和公民之间的。——格·普)将是多种多样的,由于这种关系将比建立在利益对立的基础上的现代社会里的关系更加充满着友好的感情,孩子一旦体会到他每天的所见所闻,就很容易摆脱父母的影响,而得到他要获得父母不让他得到的知识所必需的帮助。如果在父母的权力下十分不幸的孩子离开了父母,而接受比较同情他的人的保护,这种情况就会发生得更快,这时父母已经不可能像现在的法律所规定的那样借着宪兵的帮助把自己的奴隶带回去"①。

这不是孩子从自己的父母身边逃走,这是空想主义者力图摆脱不可克服的逻辑窘境。然而在同伴们看来,他的所罗门式的判决毕竟是非常聪明的,所以爱弥尔·达尔诺在他的一本专门为了把格拉弗博学的诡计加以通俗化而写的书籍《未来社会》

---

① 格拉弗:《革命后第二天的社会》,第99页。——作者

(*La société future*,索瓦 1890 年版,第 26 页)中,逐字地引用了此处引用的这段话。

"无政府主义,这个反对国家的社会主义制度,具有两重的起源。它是成为本世纪的特征,特别是成为本世纪下半叶的特征的、经济和政治方面的两大思潮的产物。同所有的社会主义者一样,无政府主义者认为,对土地、资本和机器的私有制就要完结了,它注定要消逝的,一切生产工具都应当,而且也将会成为社会的公共财产,它们将由社会财富的生产者共同管理。而且,同最进步的政治激进主义的代表一样,他们认为,社会政治制度的理想在于把政府的职能缩小到最小限度,使个人恢复主动和行动的完全自由,并且通过自由组织起来的自由的小集团和联合会来满足人的一切无限多样的需要。

至于社会主义,则绝大多数无政府主义者都达到它的最终结论,即达到完全否定雇佣劳动制度和达到共产主义。再而至于政治组织,则他们发挥了上面提到的那一部分激进的纲领,并且得出结论说,社会的最终目的是把政府的职能化为乌有,换言之,他们达到没有政府的社会,即达到无政府状态。

其次,无政府主义者肯定地认为,社会组织和政治组织理想的实现不应该延搁到下一个世纪去,而且在我们的社会组织中只应当承认同上面提到的双重理想一致的,也会使我们接近这一理想的那些变化才是富有生命力的和有益于社会生活的"[①]。

[①] 《无政府主义者的共产主义》(*Anarchist Communism*),第 3 页。——作者

克鲁泡特金用明白得令人惊讶的叙述向我们揭示出自己的"理想"的起源和本性。像巴枯宁的理想一样,这种理想实际上也是"双重的";它的确是由于资产阶级激进主义,或者说得更正确些是曼彻斯特主义①同共产主义交媾而产生的,就像耶稣是圣洁的处女玛利亚和圣灵所生养的一样。无政府主义者的理想的这两种禀赋是很难并容的,就像上帝的儿子的两种禀赋之难以并容一样。但是这两种禀赋中间看来总有一种要战胜另二种。无政府主义者"希望"从直接实现克鲁泡特金所谓的"社会的最终目的"("the ultimate aim of society")开始,即从破坏国家开始。他们的出发点始终是无限制的个人自由。曼彻斯特主义是首要的东西,共产主义仅在其次②。但是为了在他们的理想的这个第二禀赋的可能的命运方面给我们一些安慰,无政府主义者不断地歌颂"未来的"人的智慧、善良和远见。他将是如此之完美,以致他无疑会知道怎样来组织共产主义生产。他将是如此之完美,以致你在赞扬他的时候不禁要提出为什么不能委托给他一点儿"权力"的问题。

---

① 工业资产阶级经济政策的一个派别,以该派最大的代表人物科布顿和布莱顿出生于曼彻斯特以及该城为自由贸易运动的中心而得名。这一派产生于十九世纪三十年代的英国,他们主张自由贸易,反对国家对国内经济生活的任何干涉。——译者

② 《L'anarchia é il funzionamento armonico di tutte le autonomie risolventesi nella eguaglianza totale della condizioni umane》. L'anarchia nella scienza e nell' evoluzione (Traduzine dello Spagnuolo),Prato (Toscana),1892,p. 26.("无政府状态——这是所有的人在人类一切条件都处于绝对平等时和谐地实行自决。"参见《科学中和进化中的无政府状态》,托斯卡纳,1892年,第26页。译自西班牙文)——作者

四、所谓无政府主义者的策略。这种策略的道德

无政府主义者都是空想主义者。他们的观点同现代科学社会主义没有任何共通的地方。

但是有各式各样的空想主义。本世纪上半叶的伟大空想主义者都是有天才的人；他们向前推进了当时完全站在空想主义观点上的社会科学。现代的空想主义者，即无政府主义者，是"最纯粹的抽象者"，他们只会从某些僵化了的原则中勉强做出一些贫乏的结论。这些结论同社会科学没有任何共同点，社会科学在自己的发展中至少已经超过它们半个世纪。它们的"深刻的思想家"和"崇高的理论家"甚至不能使自己的证明过程自圆其说。他们是没落时期的空想主义者，他们患着令人惊讶的、无可救药的精神贫血症。伟大的空想主义者曾经为工人运动的发展做了许多事情。现代的空想主义者唯一的作为就是阻碍工人运动前进。而特别损害无产阶级的则是他们的所谓策略。

我们已经知道，巴枯宁把国际的章程解释为这样的意思：工人阶级应当拒绝任何政治活动，而把自己的一切力量都集中到增加工资、缩短工作日等等的"直接的经济的"斗争上去。巴枯宁自己也模糊地感觉到这类策略不大革命。他企图用自己的"Alliance"（"同盟"）的活动来补充它，并且宣扬了"骚动"。在自己的关于骚动，甚至关于革命的幻想中，无政府主义者特别热情和特别兴奋地去烧毁财产证书和国家文件。克鲁泡特金特别认为，这样付之一

炬是极端重要的事。不妨把克鲁泡特金称作进行骚动的官僚主义者!

但是随着无产阶级阶级觉悟的进一步提高,无产阶级就越来越赞成政治行动,而放弃它童年时代如此经常发生的骚动。发动达到一定政治发展水平的西欧工人进行骚动,就比发动例如无知轻信的俄国农民举行骚动要困难些。既然骚动的策略不合无产阶级的口味,于是"同伴们"不得不用个人的行动来代替它了。特别是在1877年意大利贝内万托的暴动失败以后,巴枯宁主义者就开始赞扬用行动作宣传;然而如果我们回顾一下从贝内万托的尝试到我们今天这段时间,那么我们就会看到,这种宣传采取了完全特殊的方针:很少组织骚动,即使组织骚动,规模也很小,而代之以许多个别的破坏行动,旨在捣毁公共建筑物,杀害个别人物,甚至侵犯"个人继承的"财产。不这样也不可能。

"我们已经看到,人民举行过许多次暴动,希望取得真正的改革",——路易丝·米歇尔①对《晨报》(Matin)的一个同她谈及瓦扬谋杀案的记者说道:"结果怎样呢?人民遭到了枪杀。我们现在发现,人民丧失了大量的鲜血;要是有一些勇敢的人去牺牲自己,情愿去干暴力的行动,使得政府和资产者感到恐怖,那就好了"②。

这就是我们只用不多的另一些话说过的那个意思。路易丝·

---

① 米歇尔(Louise Michel,1830—1905),法国女革命家,曾参加巴黎公社起义。后来在法国、比利时等国宣传无政府主义,1890年到英国居住,成为克鲁泡特金的亲近助手。——译者

② 载于里昂1893年12月20日的《人民报》(Peuple)。——作者

米歇尔只是忘记了补充说，使人民大量流血的骚动从前有个时候被列在无政府主义者的纲领的首要地位，而这种情况一直继续到他们相信这样一些局部的暴动不会给工人的事业带来任何利益并且在绝大多数场合连工人自己也不愿意听到这些骚动时为止。

　　错误也像真理一样有自己的逻辑。如果否定工人阶级的政治活动，即使不愿意做资产阶级政治家手中的玩具，也定而不移地要采取瓦扬和昂利之流的策略。德国社会党的"青年派"用自身作例子证明了这一点。他们从攻击"议会主义"开始，并以"革命"斗争即纯粹"经济的"斗争来反对——当然是在纸上反对——"老"党员的"改良主义"策略。但是这场斗争在其自然而然的发展过程中，必不可免地要把无产阶级引上政治舞台。"青年派"不愿意再回到他们所否定的出发点上去，他们在一个时候便鼓吹他们所谓的"政治示威"，即巴枯宁主义者"老的"骚动的一种新品种。作为骚动，不管他们叫它什么，对于火暴性子的"革命者"来说，常常来得太迟，于是只好听任"青年派""向前"进军，成为无政府主义的信徒，去宣传——口头上宣传——用行动作宣传。"年青的"兰道尔①及其同伙们的语言，已经好像"最老的"无政府主义者的语言那样"革命"了。

　　　　Verachte nur Vernunft und Wissenschaft，

---

　　① 兰道尔（Gustav Landauer，1870—1919），德国无政府主义者，蒲鲁东的信徒。——译者

> Des Menschen allerhöchste Kraft,
>
> Lass nur in Blend- und Zauberwerken
>
> Dich von dem Lügengeist bestärken,
>
> So hab ich dich schon unbedingt!①

至于说到"魔术",那么在无政府主义者反对无产阶级政治活动的论据中,它们是多得无数的。在这里,憎恨变成真正的"妖术"。例如,克鲁泡特金就利用社会民主党人自己的武器——唯物主义历史观反对社会民主党人。

"对于每一个经济生活的新阶段,都有新的政治阶段相适应。专制君主政体,即宫廷的统治适应于农奴制度,代议制政府适应于资本的统治。然而这两者都是阶级统治的制度。在资本家和工人之间的差别消失以后的社会里,是没有这类政府存在的必要的,那时政府就变成一种不合时代需要的包袱"②。

如果社会民主党人说,他们全都懂得这个道理,至少懂得像他那样清楚,那么克鲁泡特金就会回答说,这是可能的,不过在这种场合下,他们不愿意从这些前提中做出合乎逻辑的结论。他,克鲁泡

---

① 你尽管蔑视理智,蔑视科学,
　　蔑视人间最高尚的力量,
　　你尽管相信魔术,相信异端,
　　让异端的欺骗使你坚强,
　　我已经不费力地捉着了你!
　　引自歌德:《浮士德》。参见人民文学出版社1963年版,第87—88页。——译者
② 《无政府主义者的共产主义》,第8页。——作者

特金,则完完全全掌握了逻辑。既然每一个国家的政治结构,——克鲁泡特金推论说,——是由该国的经济结构决定的,则社会主义者进行政治活动是绝对没有意义的。

"希望通过政治革命来达到社会主义,即或是(!)达到土地革命,乃是十足的空想,因为历史到处都证明,政治上的变化是伟大的经济革命的结果,而不是相反"①。

世界上是否有一个优秀的几何学家引用过某种论据比这类证明更加不可辩驳呢?

克鲁泡特金就是依据这个坚固不拔的原理,劝告俄国的革命者们不要进行反对沙皇制度的政治斗争。他们应当去追求直接的经济目的。"因此,使俄国农民从农奴制度压在他们身上的桎梏下解放出来,迄今都是俄国革命者的首要任务。只要他在这个领域中工作,他就是直接地和有效地为人民的利益工作……而这也就是逐步地在削弱和限制国家的集权"②。

总之,农民的解放会促进俄国沙皇制度的削弱。但是,在推翻沙皇制度以前,怎样解放农民呢?鬼才知道!这种解放才是真正的魔术!李斯科③老人说得很对:"用手指头写字比用脑袋瓜写字更简单容易。"

不管怎么样吧,工人阶级的全部策略应当用两句话来表示:"打倒政治!直接的经济斗争万岁!"这就是巴枯宁主义,——不过

---

① 克鲁泡特金为巴枯宁的小册子《巴黎公社和国家观念》俄文版写的序言,日内瓦,1892年版,第5页。——作者

② 同上。——作者

③ 李斯科(Christian Ludwig Liscow,1701—1760),德国讽刺作家。——译者

是精致的巴枯宁主义而已。巴枯宁本人曾经鼓动过工人去进行缩短工作日和提高工资的斗争。现时这些无政府主义的共产主义者则企图"向工人说明，这类鸡毛蒜皮的事是不会给他们任何好处的，只有用破坏统治机关的办法才可能改造社会"①。提高工资也是无益的。"北美和南美的情况不是告诉我们：凡是工人能够得到高工资的地方，生活必需品的价格都相应地提高了；所以如果工人每天能够赚上二十法郎，那就必须二十五法郎才能过一个比较有保障的工人的生活；于是他又落到中等生活水平以下"②。缩短工作时间至少是多余的，因为资本家可以采取改进了的机器，从而"不断地提高劳动强度"。马克思自己就非常明白地证明了这个道理③。

感谢克鲁泡特金，我们才知道，无政府主义者的理想有两重来源。无政府主义者的一切"论证"也有两重来源。一方面，它们来自最庸俗的资产阶级经济学家编著的庸俗的政治经济学教科书。会使得巴斯夏本人兴高采烈地拍手叫好的、格拉弗关于工资的学位论文就可以作为例子。另一方面，同伴们回忆起自己的理想来自"共产主义"，于是向马克思请教，并且引用他的话，可是并不了解他的话的意思。巴枯宁早就在利用马克思主义进行"诡辩"了。这种情况在从克鲁泡特金开始的现代无政府主义者那里还要显著些。

---

① 格拉弗：《垂死的社会和无政府状态》，第253页。——作者
② 同上书，第249页。——作者
③ 同上书，第250—251页。——作者

格拉弗这个"深刻的思想家"的无知，一般来说是显著的，不过在政治经济学领域内，处处都超出了可以设想的界限。在这种场合下，格拉弗的无知只和博学的神学家克鲁泡特金的无知不相上下，因为克鲁泡特金只要着手分析任何一个经济学问题，立即就会说出令人绝倒的奇谈。我们觉得很遗憾的是篇幅有限，不可能使那些对无政府主义者的政治经济学说的种种货色有猎奇之趣的读者开一开心。读者只好以领会克鲁泡特金关于马克思和"剩余价值"所教示的那些话为满足了。

这一切都是可笑的，假若不是如俄国诗人莱蒙托夫所说的那样可悲的话。

的的确确可悲。每当无产阶级竭力争取多少改善自己的经济状况的时候，"勇敢的人们"都从四面八方跑来，接着就要无产阶级相信他们的温柔的爱情，他们依据着自己的破绽百出的推论，力图使无产阶级脱离运动；他们千方百计地证明：运动是毫无益处的。例如在争取八小时工作日的运动时期就发生过这种现象；无政府主义者热情地进行了反对这次运动的斗争。要是无产阶级不顾一切地前进，要是它继续追求自己的"直接的经济"目的，——幸而它正是如此行动的，——那么又会出现同样一些"勇敢的人"，他们备有各种炸弹，从而给政府提供一条求之不得的进攻无产阶级的借口。我们在1890年5月1日的巴黎看到了这种情况；我们在许多次罢工中也常常看到这种情况。光荣的人是这些"勇敢的人！"。想不到工人当中有一些简直可以被认作他们的朋友的人，实际上却是他们事业的最危险的敌人。

无政府主义者不希望有"议会主义"，因为议会主义只会麻痹无产阶级。无政府主义者不希望进行任何"改革",因为改革表示和富有者阶级同流合污。他希望的是革命——充分的、完全的、直接的,而且有直接经济意义的革命。为了达到这个目的,他用装满炸药的瓦罐武装起来,并且把它扔到戏院或者咖啡馆的顾客群众中去。他宣布说这就是"革命";但我们只觉得这是"有直接意义的"癫狂病。

没有必要指出,资产阶级政府,无论它们怎么严厉地对付这些捣乱的个人,都只能对他们的策略额手称庆。"社会处在危险中!""Caveant consules!"①。于是警察"总管们"行动起来了,而社会舆论则对部长们为了拯救社会而发明出来的一切反动措施拍手叫好。

"社会的拯救者、穿制服的恐怖分子,为了使自己在广大的庸夫俗子们的心目中俨然有威,需要有一块'神圣制度'的嫡子或'天之骄子'的金牌,而衣衫褴褛的恐怖分子的小学生气的谋杀行为,则帮助他们得到这块金牌。这些贫穷的笨蛋中间有的人竟醉心于自己古怪的幻想,甚至看不出,他这个傀儡乃是狡猾的、幕后操纵的官方恐怖主义活动家手上的玩物;他看不出,他造成的恐怖气氛和恐惧心理起着蒙蔽广大无知的庸人的眼睛的作用,结果这些庸人欢天喜地地欢迎为反动统治铺平道路的每一次大屠杀"②。

拿破仑第三为了多一次机会来拯救社会不受秩序反对者的威

---

① "提高警惕!"——译者
② 《前进报》,1894年1月23日。——作者

胁,有时还自己制造谋害事件。极端卑鄙无耻的安得里厄(Andrieux)坦率的供词①、德国和奥国奸细的活动方式、最近揭发的马德里的国会破坏案等等,都明白地证明:现时的政府从"同伴们"的策略中得到巨大的利益,而且如果无政府主义者不如此热情地努力减轻穿制服的恐怖分子们的工作,这些人的处境一定会困难得多。

所以,正是约瑟夫·贝克尔特之流的最卑鄙的间谍多年来充当了无政府主义的大师,他把外国无政府主义者的著作译成德文;所以,法国资产阶级和神甫都直接为"同伴们"提供补助津贴,而司法部则竭力为他们这些形迹可疑的阴谋诡计盖上一层纱幕。为了"直接的革命",无政府主义者成了资产阶级社会的宝贵的顶天柱,因为他们为最直接的反动政策提供了 raison d'être(存在的理由)。

反动的和保守的报刊对无政府主义者始终都表示了几乎不加掩饰的同情;而对那些自觉地对待自己的目标的社会主义者之不

---

① "同伴们曾经找某个人拿出一笔保证金,但是卑鄙的资本家一点也没有表示接受这个请求的意思。我极力怂恿这个卑鄙的资本家,最后我终于使他相信了:为了自己的利益,他应当帮助出版无政府主义者的机关刊物……但是,不要以为我公然直言不讳地请求过警察总监援助无政府主义者。我曾经托一位穿戴阔绰的资产者去找无政府主义者中间一个最积极最有知识的人物。这位资产者告诉无政府主义者说,他从经营药铺方面攒得一笔财产,现在他想从自己的收入中拿出一部分来进行社会主义宣传。这个自愿效劳的资产者没有引起同伴们任何怀疑。我通过他向国家银行交纳了必需的保证金,于是《社会革命》(La Révolution Sociale)杂志就宣告问世了。这是一个周刊,因为我和药商虽然倾囊相助,也不能供给办日报的经费。"参见《警察总监回忆录》(Souvenirs d'un préfet de police),儒勒·鲁夫出版公司,巴黎,1885年版,Ⅰ,第337页及以下。——作者

愿意和无政府主义者们有任何瓜葛则深表遗憾。当苏黎世代表大会开除"同伴们"的时候，巴黎的《费加罗报》（*Figaro*）就哀悼说："无政府主义者像可怜的狗一样被他们赶出来了"①。

无政府主义者是这样一种人，他经常和到处都注定会（只要他不是密探）得到和他的愿望相反的东西。

1883年，博尔达在里昂法庭前宣称："把工人派到国会里去无异于母亲把自己的女儿送进妓院。"总之，无政府主义者用道德的名义否定政治活动。但是这种对国会的腐化作用的害怕心理得到什么结果呢？赞扬盗窃行为（1880年莫斯特在自己的《自由》中早就写过："把钱放到自己的口袋里去"），把杜瓦尔和拉瓦绍利借"事业"之名干出来的最卑鄙最可恨的罪行称为英雄的举动。俄国作家赫尔岑在某个地方说，在一个意大利的小城里，他只遇到过神甫和强盗；他感到非常惶惑不解的是怎么也分不清谁是神甫谁是强盗。凡是对无政府主义者不存偏见的人，现在也有同样的感觉：怎么分清谁是"同伴"，谁是强盗呢？就连无政府主义者自己也不是始终都能弄清楚：拉瓦绍利案件在他们的团体中引起的讨论说明什么问题。优秀的无政府主义者（他们为人正直是无可争论的）在判断"用行动作宣传"这个问题上就经常摇

---

① 顺便说说。无政府主义者用人民自由的名义要求准许他们参加社会党代表大会。但是，我们且引用一下法国无政府主义者的一个公开的杂志对代表大会的看法。"无政府主义者可以引为庆幸的是：他们某些人出席了特鲁瓦代表大会。举行无政府主义者代表大会是很荒谬的、毫无意义的和没有目的的，而利用社会党代表大会来发挥自己的思想，那就很合逻辑了。"（1889年1月6—12日那一号的《暴动者》〔*La Revolte*〕）难道我们没有权利也用自由的名义请同伴们不要再来纠缠我们么？——作者

摆不定。

"谴责用行动作宣传么?"埃利泽·邵可侣说道。"但是如果不用实例来宣扬善行和对人类的爱,那还叫什么宣传呢?如果有人把'用行动作宣传'叫作暴力行为,那只是证明他们不懂得这句话的意思。无政府主义者了解自己的作用,他不会杀人,而是力求使人接受自己的信念,使他变成自己的信徒,于是这信徒又会继续用行动作宣传,公道地和善良地对待他接触的一切人"①。

我们不去过问无政府主义者坚决拒绝谋害策略之后还有什么办法。我们只请读者仔细地念一念下面这段话:"《永远向前》(Sempre Avanti)的出版者向埃利泽·邵可侣提出一项请求,请他公开地谈谈自己对拉瓦绍利的看法。邵可侣回答说:'我很佩服他英勇果敢,心地善良,精神伟大,胸襟宽阔,他宽宏大量地原宥自己的敌人,或者更正确一点说,原宥自己的叛徒。我大概还没有见过比他更高尚的人。我还没有解决的问题是,每次都彻底坚持自己的权利是否那么适当,和应不应该根据人类团结一致的感情来作考虑。不过我仍然承认拉瓦绍利是一个具有罕见的精神品质的英雄'②。

这段话同上面录引的说法一点也不调和,而是毋庸置辩地证明:公民邵可侣很怀疑,因之不可能有信心说:谁是他的"同伴",谁是强盗。

---

① 参见《社会主义研究者》(L'Etudiant socialiste),布鲁塞尔,1894 年第 6 期,埃利泽·邵可侣给一个就无政府主义者的谋害行为询问他的先生的答复。——作者
② 摘自《二十世纪》(Twentieth Century),激进派的周刊,1892 年 9 月纽约出版,第 15 页。——作者

因为有不少的人同时既是"强盗"又是无政府主义者,这个问题就更难解决了。拉瓦绍利并不是例外。在不久前于巴黎被捕的无政府主义者阿尔迪和基埃利柯梯的屋子里就发现了大量的赃物。而且不只在法国一国可以遇到身兼数种性质根本不同的职业的人。只要回忆一下奥地利人加梅列尔和施特尔马赫的情况就够了。

克鲁泡特金千方百计地力图使我们相信:无政府主义者的道德是一种不承担义务和无须社会认可的道德,这种道德和任何功利的考虑毫不相干;它像人民的自然的道德一样是一种善行成为"习惯的道德"①。无政府主义者的道德,是这样一种人的道德,这种人从个人有无限权利的抽象观点出发来评价人的每一个行动,并且用这些权利的名义替最残酷的暴力、最可憎的专横行为辩护。在瓦扬谋害事件发生的那天晚上,一个无政府主义诗人罗兰·泰阿德在"La Plume"②协会的一次宴会上大声说:"只要姿势优美,牺牲算得什么!"

泰阿德是一个颓废派分子,由于他麻木不仁,他是有勇气发表他的无政府主义的见解的。无政府主义者之所以反对民主,是因为在无政府主义者看来,民主不过是多数人对少数人的暴力统治。多数人没有任何权利把自己的意志强加于少数人。但是如果这样,那么无政府主义者用什么道德原则的名义来反抗资产阶级

---

① 参见他的《无政府主义者的共产主义》,第34—35页;他的《在社会主义进化中的无政府状态》,第24—25页,以及他的《无政府主义者的道德》(Morale anarchiste)。——作者

② "作家"。——译者

呢？因为这个资产阶级不是少数吗？还是因为资产阶级不为所欲为呢？

无政府主义者公开地说："做你所想做的吧"。资产阶级"乐意"剥削无产阶级，而且他们做得很成功。他们照着无政府主义者的处方行事，所以同伴们抱怨他们的行为是很不对头的。而当同伴们以资产阶级牺牲者的名义进行反资产阶级的斗争的时候，他们就变得十分可笑了。懂得逻辑的无政府主义者泰阿德继续说道："只要这有助于个人，死多少民众有什么关系！"这就是无政府主义者的真正的道德；这也是皇帝的道德："sic volo, sic jubeo!"（朕之所欲，朕令行之！）①

总而言之：无政府主义者以革命的名义为反革命的事业效劳；他们以道德的名义赞扬最不道德的行为；他们以个人自由的名义蹂躏自己邻人的一切权利。

也正因为这样，无政府主义者的全部学理就自己破坏着自己固有的逻辑。如果说随便哪个疯子都可以仅仅因为他自认为要这样而杀人伤命，则由多得无数的个人组成的社会就有权开导他，因为这绝不是社会的任性，而是社会的义务，因为这是社会存在的 conditio si ne qua non（必要条件）。

---

① 最近的报纸报道，泰阿德在福约饭店的爆炸事件中受伤。1894 年 4 月 5 日《日内瓦论坛》(*La Tribuna de Genève*)的一则电讯补充说：泰阿德先生不断地拒绝强加于他的无政府主义理论。有人提醒他注意他的论文和上面说到的这一段著名的话，于是他沉默不响了，并且要人给他点安眠药来减轻自己的痛苦。——作者

五、结论
资产阶级、无政府主义和社会主义

"无政府主义的始祖"、"不朽的"蒲鲁东严厉地嘲笑那些把革命归结为暴力行为、以牙还牙和流血事件的人。"无政府主义的始祖"的后裔、现代无政府主义者则只是在这种野蛮得幼稚可笑的意义上来了解革命。凡是非暴力的行为都是出卖事业的行为,都是和"当局"同流合污。① 可是资产阶级狼狈得不知道拿什么手段反对无政府主义者。在理论方面,它对无政府主义者根本无能为力。无政府主义者是它自己的淘气的孩子。这是因为资产阶级第一个宣传了"laissez faire"("自由放任")的理论,鼓吹了无限制的个人主义。现代最著名的哲学家赫尔伯特·斯宾塞不过是一个保守的无政府主义者。"同伴们"则是一些精力充沛、动作迅速、把资产阶级的逻辑发挥得淋漓尽致的人物。

资产阶级共和国的法官们把格拉弗判处了监禁,把他的书籍《垂死的社会和无政府状态》加以销毁。而资产阶级的文学家们却宣布这部一钱不值的著作是精深的创造,它的作者是少有的才子。

---

① 不错,像邵可侣之流并不曾始终赞成这样了解革命。但是我们要再问一下,在否定"用行动作宣传"的无政府主义者那里还剩下什么呢?除了好作幻想的、多愁善感的资产者之外,什么也没有!——作者

资产阶级不但没有任何理论武器来战胜无政府主义者①，他眼看着自己的青年都迷醉于这种学说。在这个令人厌倦的、腐败透顶的、任何信仰老早就已死亡，而一切诚实的东西都被人觉得可笑的社会里，在这个无聊得叫人异常苦闷，除了从幻想、淫佚放荡的生活中获得新的感觉以外，再也没有别的办法能够体验一切快乐的世界上，可以找到许多欣赏无政府主义妖妇之歌的人。在巴黎的"同伴们"中间，有不少"Comme il faut"②文雅之士，用法国作家拉乌尔·阿利叶的说法，一定得有闪闪发亮的皮鞋，去开会时，钮孔上也总是插上花朵。颓废派的作家和艺术家都开始信奉无政府主义，并且在《法兰西信使》(Le Mercure de France)、《作家》(La Plume)之类的杂志上宣扬无政府主义理论。这完全可以理解。如果无政府主义这个充满资产阶级精神的理论，在一切资产阶级中最是饱食终日的法国资产阶级中间找不到信徒，那倒是非常奇怪的。

世纪末的颓废派作家掌握了无政府主义理论之后，就赋予它一种资产阶级个人主义的性质。如果克鲁泡特金和邵可侣以受资本家压迫的工人的名义讲话，《作家》杂志和《法兰西信使》杂志则是以力求摆脱一切社会束缚以便最后为所"欲"为的个人名义讲

---

① 只要读一读1894年2月15日的《评论之评论》(Revue des Revues)上洛姆勃罗佐和阿·别拉的文章，或者读一读1894年3月15日的《巴黎评论》(Revue de Paris)上布尔多的文章，就会对资产阶级理论家和资产阶级政治家在反对无政府主义者的斗争中的弱点有一个清楚的概念，布尔多只能诉诸"人的本性"，在他看来，人的本性"是不变的，因为有克鲁泡特金的几本小册子和拉瓦绍利的几枚炸弹。"——作者

② "正派的"。——译者

话。因此,无政府主义重新回到自己的出发点。施蒂纳说过:"对我说来,没有任何东西在我之上"。罗兰·泰阿德说:"如果这有利于个人,死多少人有什么关系呢?"

资产阶级再也不知道要崇拜什么。左拉感慨地说:"我为实证主义这样奋斗过,现在我感到,经过三十年斗争以后,我的信念动摇了。宗教信仰妨碍过这类理论的传播。但是,难道它现在没有消失殆尽么?谁会给我们新的理想呢?"

哎哟,先生们,你们这些迷途的活尸是没有理想的!你们在做各种可能的试验,你们会变成佛教徒、德卢伊教徒、迦勒底的萨尔斯、卡巴拉派、古代波斯术士、伊西达教徒,或者无政府主义者,就是说会变成一切适合的东西,然而你们终究和现在一样是没有信念和法度的生物,是被历史弄得精神空虚的蠢家伙。资产阶级的理想一去不复返了。

我们社会民主党人用不着担心无政府主义者的宣传。无政府主义这个资产阶级的孩子,任何时候也不会对无产阶级发生严重的影响。如果在无政府主义者中间还有一些真诚地渴望自己阶级幸福,并准备为它牺牲一切的工人,那么他们只是由于误解才不知不觉地走进了这个营垒。他们只是通过无政府主义者愿意采取的那种观念来认识无产阶级的解放斗争的。当他们觉醒了以后,他们就会转到我们这方面来。

举一个例子来证明这一点。在 1883 年里昂的一个无政府主义者案件中,工人德格朗日曾经叙述他是怎样成为无政府主义者的;他参加了政治活动,在 1879 年 11 月甚至还被选为韦勒弗朗什市政府顾问。"当 1881 年 9 月韦勒弗朗什染坊工人开始罢工的时候,我被选为罢工委员会书记,在这次值得纪念的事件发生的时候,……我确信必须压制权力,因为权力带来了专制。当老板们拒绝同工人谈判的时候,省府和市政当局为了解决争端,在这次罢工时期做了些什么事呢?五十名手执长剑的宪兵被派来解决问题,这就是政府采取的和平手段。经过这次罢工以后,有些工人,也包括我在内,懂得了必须认真地着手研究经济问题;因此我们决定晚上集合起来一块读书"①。无须乎补充说,这个集团变成了无政府主义者集团。

经常有这样的情形发生。一个积极的和有知识的工人支持这个或者那个资产阶级政党的纲领。资产者空谈劳动人民的幸福,而一有机会他就背叛劳动人民。本来相信这些先生们为人真诚的工人感到很气愤,希望和他们分道扬镳,并且决定认真地研究"经济问题"。于是就出现这样一个无政府主义者。他根据资产阶级的叛变和军警的镇压,开始相信,政治斗争无非是资产阶级的谎话,为了解放工人必须放弃政治斗争和力求达到破坏国家的目的。一个才刚刚愿意"研究"这些事物的工人得出结论说:"同伴们"是对的,于是他也就变成一个深信不疑的和忠心耿耿的无政府主义者。如果他稍微进一步研究社会问题,懂得了"同伴们"只是自以为是的、随便乱说的无知者,懂得了无政府主义者的"理想"是毫无道理的,懂得了除开资产阶级政治以外,作为它的对立面还存在着

---

① 参见《里昂警厅轻罪审判所和控诉院前的无政府主义者案件》(*Le Procès des anarchistes devant la police correctionnelle et le cours d'appel de Lyon*),里昂,1883年,第90—91页。——作者

致资本主义社会于死地的无产阶级的政治，如果这样，情况又会怎样呢？他就会变成社会民主主义者。

因此，我们的思想越是在工人阶级中间传播（而它们正在日益广泛地在工人队伍中间传播开来），无产者就越不会愿意跟着这些"同伴们"走。无政府主义——且不说"有学问的"强盗——会越来越变成资产阶级的角逐工具，以便使享受着很多很多世俗快乐和半世俗快乐的"个人"得到强烈的感受。

而当无产阶级变成能左右局势的人时，他们只要皱一皱眉头，就可以强迫所有的"同伴们"，甚至最"漂亮的"同伴们闭住嘴。他们只要吹一口气，就可以使无政府主义者这种灰尘烟消云散。

附　　录

无政府主义理论家埃利泽·邵可侣

我面前摆着已故的埃利泽·邵可侣的一本书:《进化、革命和无政府理想》(*L'évolution la révolution et l'idéal anarchique*),这本书今年出了新的第六版。光是拿这本书十四年内出了六版(第一版于1892年问世)这个事实,就可以证明它的成功。同时也不能对它的这个成功感到惊讶。人们把埃利泽·邵可侣看成现代无政府主义最杰出的文坛代表之一是理所当然的。作为理论家,他只逊于我国著名的同胞彼·阿·克鲁泡特金;至于写作才能,那么在当代无政府主义者中间他无疑是首屈一指的。其实,甚至很多根本没有读过埃利泽·邵可侣宣传无政府主义的那些著作的人也知道他的写作才能。只要读几十页著名的《新地理》(*Nouvelle Géographie*),就足以对它的作者的巨大文学禀赋有一个清楚的概念。除了写作才能以外,还应当加上埃利泽·邵可侣卓越的个性的魅力,这种个性的特点就是无可指责的诚实和坦率。无政府主义者可以理所当然地拿"自己的"埃利泽·邵可侣自豪,所以不难理解,我要在这里讨论的他的这本书(这是他就无政府主义问题所写的一切著作中篇幅最大的一本)按理应当在他们的图书馆中占有极为光荣的地位。因此我要对它进行一番分析批评也是容易理解的。懂得它的长处和短处,我们也就会懂得现代所谓共产主义的无政府主义理论的长处和短处[①]。

一

按照自己的意图,埃利泽·邵可侣是有坚强信念的革命者。不过他不像我国某些或多或少倾向于民粹主义的革命者,例如已故的彼·尼·特卡乔夫过去做过的那样,也不像某些宣布"革命"概念本身没有充分根据的"马克思的批评家"迄今所做的那样,把革命同进化对立起来。相反,他认为革命以进化为前提,而进化本身则会造成革命。他在我们所分析的这本书中说道:"进化和革命是同一幕的先后两场,因为进化先于革命,而革命又先于新的进化,新的进化又产生未来的革命。如果不使生命的平衡突然改变,变化能不能实现呢?难道进化之后不应当必然跟着革命,就像采取行动的决定之后必然跟着行动一样么?两者的不同只在于自己出现的时间"[②]。邵可侣举出河流被崩山堵塞的例子。"在这个障碍物面前水逐渐积累起来,于是由缓缓的进化形成一片湖泊;然后水渗过堤坝,以致任何一块石头的坠落都会引起激变:水坝被

[①] 除了这种无政府主义以外,还存在着个人主义的无政府主义。它最杰出的代表现在是美国人本杰明·P. 特凯尔。他论无政府主义的文章收集在一卷相当厚的书中,书的题目是:《代替书。——一个事情太忙无法写作的人著》(Instead of a book.—By a man too busy to write one),纽约,1897 年版。无政府主义中的个人主义流派是极其有趣的,所以我还要对它进行研究。——作者

[②] 《进化、革命和无政府理想》,第 15 页。——作者

洪流冲走,湖泊又变成了河流。地球表面上小小的革命就是这样发生的"①。

稍上,埃利泽·邵可侣说:"科学不认为进化和革命这两个名词之间有任何对立,它们彼此是很相似的,不过在通常的话语中人们使用起来却完全不同于原来的意义。胆小的、对每一个变动都感到万分惶恐的人不认为它们是同一序列的两个只是在运动的幅度(l'ampleur)上才彼此不同的事实,而是力图赋予这两个名词以完全相反的意义。进化,这个在观念上和习惯上是逐渐的和不断的发展的同义语,被说成这样的东西,好像它是同表示现象中迅速变化的革命这个可怕的事物对立的某种东西"②。

我们这位作者在这里赶紧说明,只有无知的人才能以为,好像革命与进化之间存在着战争与和平、温和手段与暴力之间所存在的那种差别。"革命可能由于引起利益上迅速变革的环境的突然改变而和平地发生;同样,进化也可能要费很大的气力,伴随着战争和迫害才得以实现"③。对于那些喜欢把实力同暴力、革命同打架混为一谈的人说来,指出这一点是很有益处的。

大家知道,现代的"进化论者"非常乐于重复林奈的话:"non facit saltus natura"④。对于这一点,埃利泽·邵可侣指出,没有疑问,自然界没有飞跃,可是"每一次进化都是通过力量在新方向上

---

① 《进化、革命和无政府理想》,第15—16页。——作者
② 同上书,第4页。——作者
③ 同上书,第5页。——作者
④ "自然界没有飞跃"。——译者

的移动实现的"。用他的话说,每一个个别存在物中和每一系列存在物中生命的普遍运动,从来没有对我们显示出是直接的继续(une continuité directe),而总是表现为非直接的、可以说是革命的顺序性。树枝不是生长在另一树枝的同一方向上;花朵不是树叶的继续;雌蕊不是雄蕊的继续,而卵巢不同于它由以发生的那些器官,等等(第18—19页)。

我们现在谈一谈这个问题。我们的作者就进化与革命的关系所说的话中有许多是正确的。不过那里也可以遇到许多很不明白很错误的话,这些话既妨碍读者,显然也妨碍作者本人在这个问题上顺理成章地自圆其说。邵可侣是自相矛盾的。一方面他得出结论说,进化与革命之间没有"任何对立"①,它们之间的对立是胆小的、一想到革命就万分惶恐的人虚构出来的。另一方面他自己又断然声称,革命是"生命平衡的突然改变",而进化则是缓慢的变化。这远远不是同一个东西。在这里突然的是同缓慢的对立的,一旦我们承认这种对立的存在,我们就没有权利说它不过是无知者的虚构了。可是邵可侣看不出这个根本的和令人十分遗憾的矛盾。实际上他(不过没有看出和没有料到这一点)受了他正要加以驳斥的那种意见的影响。因此他对这种意见的反驳是笨拙的和不成功的。他同意林奈这样的看法:生命中的运动是通过"革命的"顺序性,而不是通过直接的继续实现的。我不考察他用以证实这

---

① 邵可侣说,这两个名词之间没有对立。不过这里的问题自然不在名词,——况且名词与名词之间会有什么对立呢?——而在于这些名词所表示的那些概念。邵可侣不过是写错字了。——作者

个思想的那些论据，而只限于分析这个思想本身①。

非直接的顺序性这个同直接的继续对立的概念是什么呢？显然，它不过是直接继续的破坏——直接继续的中断。这种中断如果不是飞跃又是什么呢？因此，"生命的运动"是通过飞跃实现的。如果生命的运动是通过飞跃实现的，那么怎么可能跟在林奈以后重申：non facit saltus natura？难道邵可侣在他那河流被崩山堵塞的例子中谈到的那个"激变"不是最无可置疑的飞跃么？

邵可侣既然承认自然界没有飞跃，他就陷入不得不否定他想要证明其正确性的那个思想的那种人的困境。他企图通过抹煞他必须使之彼此区别开来的那些概念之间的差别的办法摆脱这种困境。抹煞它们之间的差别，结果就是承认"革命"概念只有在革命和"进化"是同一系列的事实，两者"只是在运动的幅度上"互相区别，即只有数量的区别的那种条件下才是逻辑上合理的。但是难道进化永远保持着同样的"运动幅度"吗？自然不是。在不同的进化领域和阶段，进化所固有的运动，其幅度也不相同。试问：把进化所固有的幅度同革命所固有的幅度区别开来的特点是否存在呢？如果存在这样的特点，那么进化和革命之间就不仅仅有数量的区别。如果这样的特点不存在，那么"革命"概念就会同"进化"概念融合为一。

---

① 不过我还要指出如下一点：邵可侣说，雌蕊不是雄蕊的继续，树叶不是花朵的继续。可是这里的区别在于机能，整个问题在于机能的区别是通过一些缓慢的变化造成的呢还是以飞跃为前提呢？邵可侣所举的例子没有解决这个问题，它只是再次提醒我们：这个问题应当解决。我且不去说雌蕊常常处在不同于雄蕊的另一个个体上，光凭这一点就不可能成为雄蕊的"继续"。——作者

邵可侣没有答复这个问题，而且也不可能答复它。他越来越在自己的区别里弄糊涂了。在第14页上，他说：

"的确，进化包括人类的一切事物，革命也应当（!）包括它们，虽然社会生活由以组成的那些个别事件之间的显然契合是没有的。"在这里我们离开了逻辑的基础，而转到必然性和愿望的领域。我们的作者用同样的精神继续说道："一切种类的进步都是互相一致的，我们尽我们的力量和知识希望得到所有这些进步；我们希望社会的和政治的进步、精神上的和物质上的进步、科学中的进步、艺术中的进步或者工业中的进步。我们是一切方面的进化论者，也是一切方面的革命者，我们知道，历史本身只是经过准备以后的不断实现。解放思想的精神进化的逻辑后果就是所有个体在对其他个体的关系上得到实际的解放。"

我之所以做了这样长的摘录，因为在这里进化和革命之间的区别以新的形态呈现在我们面前。在这里进化的领域乃是精神的领域（"思想的解放"就是在这个领域中实现的），革命则被划归人们之间的实际关系的领域。但是人们之间的实际关系并不总是以同等的速度变化的。它们变化的"幅度"往往得视时间和地点的情况而各不相同。同样，对于"思想解放"的过程也应该这样说：它的"幅度"并不是到处也不是永远都相同，这就是说，在这两个领域的每一个领域中既可以有进化，也可以有革命；这就是说，我们又回到革命和进化的区别何在这个问题上来了。

邵可侣恰恰对付不了这个问题，虽然它的答案黑格尔早就在他的大《逻辑》里做出来了。

二

黑格尔充分驳斥过自然界没有飞跃的那种思想。反之,按照他的学说,自然界处处都有飞跃。试拿水为例。水依其温度之高低而有固体(冰)、液体(本来的水)和蒸汽。水之变为蒸汽是逐渐准备起来的:水逐渐加热到沸点,于是转化就突然以飞跃的方式实现了。一切质变都是通过各种类似的飞跃实现的。量变最初并不伴随质变;但是随着数量的逐渐变化,最终要达到这样一点,那时质变就发生了,而这种变化就是飞跃,即渐进性的中断。如果我们不知道这类飞跃,那我们就根本不能说明事物的起源。黑格尔狠狠地嘲笑过用假深思的神态只承认缓慢的逐渐的变化的那种发展学说。用他的话说,坚持这种学说的人以为事物最初都很小,后来才使它们逐渐变大。因此,小的事物是逐渐变大的。而且人们一本正经地用事物的这种大小变化来说明它的起源。可是实际上,它的起源仍然完全没有得到说明,而是事物一开始就被假定为已经存在了。不过我要补充说,这意味着不去克服困难,而只是假定困难已经被克服。

革命、飞跃,是渐进性的中断,而既然革命是渐进性的中断,它就根本不同于进化,因为进化是和缓慢的量变同一的。

人们往往提出莱伊尔,好像他从地质学中完全排除了激变论。但是在这里,他们混淆了两种很不相同的东西。莱伊尔从地质学中所排除的是乔治·居维叶创造的那种激变论,按照这种理论,地球不时经历着由一些不知道的原因引起而且革新它的动植物区系的革命。莱伊尔肯定说，地球表面经历的变化应当可以说明，而且应当用这样一些力量的作用来说明：这些力量的各种不同的影响，我们今天还观察得到。这就是一切。这位著名的英国地质学家是完全正确的；但他的理论所排除的其实不是一般的激变，而只是乔·居维叶用来说明地球表面以及地球上的居民的历史的那些激变。莱伊尔根本没想到怀疑一般激变（即飞跃）的可能性。只有当他预先怀疑我们的行星上会时常发生地震、山崩、火山爆发等等现象时，他才能产生这种怀疑。在一个有健全思想和清晰记忆的人看来，这种怀疑简直不可思议。

人们还喜欢引证达尔文，说他那著名的理论就依据极端缓慢的、逐渐的物种变化。然而值得注意的是，现时的生物学十分怀疑的正是达尔文学说的这一方面。德·弗里斯、阿尔曼·戈提叶、日拉尔等人的发现表明，物种的变化有时进行得很快。这些发现使得德·弗里斯提出的那个痉挛式的进步的理论很有可能成立：在这种理论中突然的革命同缓慢的进化一起占着很显著的地位。

看来埃利泽·邵可侣是知道证明这个理论正确的那些事实的。他在自己的书中仿佛暗示过这些事实。不过这样一来就更不明白他怎么能够同意林奈的看法。

总之必须指出，对德国古典哲学的完全无知，应当承认是邵可侣许多方法论错误和其他错误的根源。我们已经看到，他的逻辑并不总是无可指责的，而且像黑格尔会说的那样，不能认为他是运用思想的大师。此外我还要提醒读者注意我们这位作者在已故的列·依·梅奇尼柯夫的《文明与伟大的历史河流》一书序言中所犯的错误。邵可侣在那里宣称，这本书中关于地理环境对人类历史运动的影响的学说在地理科学史上构成了一个时代。他完全不知道，——就像列·依·梅奇尼柯夫本人也完全不知道的一样，——在黑格尔的《历史哲学》(*Philosophie der Geschichte*)的《世界史的地理基础》一章中就已经预告了梅奇尼柯夫理论的几乎全部主要原理①。

我们现在知道，革命和进化的关系，——就它的形式方面而言，——仍然是埃利泽·邵可侣所不明白的。我们再看看他用什么内容来填充这两个概念。

"进化先于革命，革命又先于新的进化，新的进化又产生未来的革命。"这是正确的思想，它在某种程度上弥补了我指出的邵可侣的那些错误。但是进化是受什么制约的呢？革命是什么引起的呢？不用说，这些问题就不能用一些形式的定义来答复了。应当把这些问题放在具体的基础上。自然界的进化非人类社会中的进化。革命也是如此。因此我赶紧来说明，在这里邵可侣的观点格外使我感到兴趣的是把它们应用于人类社会。

三

已故的米·阿·巴枯宁——现代无政府主义的始祖之一——坚持这样一种信念：人类社会的发展归根到底是由社会经济发展决定的。他同马志尼辩论时（他在那里比在自己其他著作中更详

---

① 顺便说说，埃利泽·邵可侣把黑格尔归入希望让哲学家掌握社会权力的那些人物之列。如果黑格尔听到如此没有根据的责难，他会很愉快地哈哈大笑。——作者

细地叙述了他的这个信念)说道:"卡尔·马克思二十年前讲述和发挥的这个如此正确的观念一定会驳倒马志尼;马志尼作为彻底的唯心主义者,以为在人类历史上正如在原来意义上的物质世界的发展中一样,观念……先于事实,并且创造事实"①。

巴枯宁甚至驳斥了马志尼这样的思想:"宗教支配世界";印度社会的种姓制度可以用婆罗门教说明,在这种教义看来,不同的种姓来自梵天身体的不同部分。巴枯宁说:"马志尼的唯心主义达到了这样的程度,他甚至看不出,他举婆罗门教作例子时却证明了同他想要证明的原理直接相反的原理。能不能接受这种荒谬的假定,说起初本来自由的全体人民会自愿地服从最痛苦最屈辱的奴役制度,而唯一是因为宗教人士使他们相信仿佛他们是由梵天的脚创造的呢?难道这不是咄咄怪事么?"②为了说明这种怪事,巴枯宁认为,必须从两个假设中接受一个:"或者是印度人民天生就热爱奴役制度,追求贫穷、痛苦和屈辱,就像另一些人追求自由、富裕、享乐和光荣一样。但是这样的人民是根本不可能有的,因为所有活着的东西(不单是人,还有地上最低等、最渺小的动物)都本能地全力奋起反对任何侵犯他的独立亦即侵犯他的生存和自然发展的条件的行为。"或者是梵天、永恒之神的这个化身,运用了它拥有的全部威力把这种严酷的奴役制加在印度人民身上。然而这当然更不可能。不管愿意不愿意,都必须假定一个比较可信比较自然

---

① 《马志尼的政治神学和国际》(La théologie politique de Mazzini et l'Internationale),国际工人协会会员米·巴枯宁著,第一部分,社会主义宣传委员会,1871年,第78页。——作者

② 同上书,第79页。——作者

的事变过程。于是巴枯宁认为,印度的种姓乃是"各种分子之间、许多社会力量之间长期斗争的最后产物,这些分子和力量经过长期互相攻击之后取得了或坏或好的结果,在印度教徒一定的社会制度中达到了平衡"①。

老实说,巴枯宁在这里并没有揭示出他自己在承认马克思的历史唯物主义是说明历史过程的理论时所指出的那个比所有其他原因更深刻的原因。他未能发现婆罗门的宗教学说和印度的经济史之间的因果联系。而且一般来说,他对马克思的历史唯物主义的理解也是很肤浅很片面的。回头我还要讨论这个问题,现在只须指出:至少巴枯宁曾经力求使自己的历史观点和政治观点获得新的唯物主义的基础,他至少已经认识到历史唯心主义是站不住脚的。邵可侣就不是这样,但是邵可侣却自认为是巴枯宁的信徒。他在自己的历史哲学(他本人在他的书的第 55 页使用了这个名词)中,仍然是十足的唯心主义者,就像十八世纪法国启蒙派思想家一样。

按照他的意见,任何一件历史事实都不会比社会的外部形式应当与内部压力成比例地(en proportion de la poussée intérieure)变化这个事实可以更加肯定地予以证明。这个内部压力究竟是什么呢?它是由什么决定的呢?邵可侣回答说:"汁液形成树、树叶和花朵;血液造成人;思想创造社会"②。这正是十八世纪法国启蒙派思想家所坚持的那个观点,他们用不同的方式重复说:c'est

---

① 《马志尼的政治神学和国际》,第 82 页。——作者
② 《进化、革命和无政府理想》,第 193 页。——作者

l'opinion qui gouverne le monde（意见支配世界）。所以这不是我们的作者偶然的失言，不是他一时思想模糊。不，这是他坚定的、经过深思熟虑的信念。人类的前进运动决定于观念的进程。因此应当承认观念的进程是进步的最好的尺度。"为了确定进步，必须知道那些不理睬鼓掌声或口哨声而继续思考和前进的人物的数目在历史进程中增加了多少"[①]。

这很像彼·拉·拉甫罗夫的（也是充满唯心主义精神的）历史理论（他在当时出名的《历史书简》中叙述了这种理论）：历史的进程取决于有批判思想的个人的活动。埃利泽·邵可侣几乎是用同样的话说明这个思想的。他肯定地说："为了找出一般形态变化及其随时间和地点而定的多种多样的变化的原因，必须了解个人，即了解社会的原始细胞"[②]。"我们在历史上看到这样的景象：一个自由的个人怎样不顾时间和空间给他树立的那些界限而能够给周围世界打上他个人的烙印，通过发现一个什么规律，通过完成一桩什么事业，通过采用一种什么新方法，有时甚至通过说出一句会永远留在宇宙（!）记忆中的什么至理名言来彻底改变这个世界。在历史上很容易就可以分辨出千千万万英雄的足迹，大家知道，这些英雄通过自己亲身的努力大大地促进了文明的集体工作"[③]。

这么说，除了英雄的个人活动以外还有文明的集体工作。显

---

① 《进化、革命和无政府理想》，第53页。——作者
② 同上书，第69页。——作者
③ 同上书，第66页。——作者

然,这个工作是不具有英雄品质的人们完成的。而这些不具有英雄品质的人们显然就是群氓。群氓的特殊品质是什么呢?

埃利泽·邵可侣说:"人们当中的极大多数是由这样一些个人组成的:他们像植物一样不费力地(sans effort)生活着,丝毫不想或好或坏地影响他们周围的环境——他们沐浴在这种环境中就像水滴在海洋中一样"①。

因此,英雄不同于普通人的地方恰恰就是彼·拉·拉甫罗夫所谓的批判思想。由于批判的思想,个人就大大地增加了自己的比重。"我们不想在这里夸大自觉地进行活动并且决心用自己的力量为自己的理想而奋斗的个人的价值,但是我们应当承认,——我们的作者声称,——同其他许多生活在半醉不醒或完全昏迷的状态中,而在大军的队伍或拜神者的行列中行进时没有一点内在的愤激心情的人比较起来,这种人乃是整个的世界。在一定的时刻,一个人的意志可以阻碍整个民族惊慌失措的(?)运动。某些英雄的死亡应该归入各民族历史上的伟大事件之列;而把自己的生命贡献给社会幸福的那些个人的作用就更重要得多了"②。

为了不让人怀疑自己有贵族思想,邵可侣补充说,他所谓优秀人物完全不是指那些握有权力和财富的人。后面这类贵族一直是进步的障碍。"从总的观点考察,人类的编年史可以定义为:关于那些利用世世代代所获得的力量而提升到统治地位的人和那些热

---

① 《进化、革命和无政府理想》,第66页。——作者
② 同上书,第67页。——作者

情地追求创造性活动的人之间的斗争的叙述。"把普罗米修斯锁在岩石上的是诸神,即官方所谓的优秀者①。

对这一点不能有任何怀疑:邵可侣所谓的优秀人物同握有权力和财富的人没有丝毫共同点。说批判的思想(因此也就是有批判思想的个人)在人类历史上起过极为重要的作用,也是完全正确的。卡莱尔曾经称呼"英雄"为倡始者(beginners)。可以用这个光荣的名称称呼一切有批判思想的个人。不过要知道历史不是"倡始者"可以在上面书写自己的新词的 tabula rasa②。邵可侣自己就承认,如果英雄一方面给周围环境打上烙印,那么另一方面,他们自己也会感受到环境的影响③。于是我们在这里看到了个人和环境之间的相互作用。然而"具有它那传统的道德、宗教、政治的"环境是由谁组成的呢?也是由诸个人组成的,虽然他们"极大多数"都是没有觉悟的。什么决定着这些个人的"传统的道德、宗教、政治"呢?显然,他们的观念是不能用环境的影响说明的。这些观念到底是从哪里来的呢?也许可以肯定地说,现时"极大多数"的人都具有先前时代的英雄们使之流行起来,而在当时极大"多数"人看来都是有害的和危险的那些观念。这甚至是合乎逻辑的:既然社会"是观念造成的",那就自然会认为思想家是社会的创造者。可是思想家的观念是从哪里来的呢?这个问题,唯心主义没有回答,也无法回答,因为他们认为观念是社会发展最后的、最

---

① 《进化、革命和无政府理想》,第73页。——作者
② 一张白纸。——译者
③ 《进化、革命和无政府理想》,第65页。——作者

我们的作者也没有回答这个问题。固然，在他那里可以遇到这样几行话："起先各族人民看到了事变的顺序交替，并不企图发现其中有什么秩序；可是现在，他们要认识事变的联系，研究它们确定不移的逻辑，并且开始懂得，为了自身的解放他们也必须朝特定的方向行动。"①这好像是他脱离唯心主义的倾向。他这里所谓事变确定不移的逻辑，使人产生一种关于社会发展合乎规律的进程的思想。往下他所谓人们研究这种逻辑就会确定自己特有的行动方式，使人有理由认为，按照邵可侣的意见，"各族人民"现在在考虑这种合乎规律的进程。这里有关于社会生活的正确观点的萌芽，如果邵可侣彻底思考过他自己在这里所写下的话，他就会看到自己必须拒绝唯心主义。其实，事变的联系和事变确定不移的逻辑建立在什么基础上呢？建立在观念发展进程的基础上，如果社会是由观念造成的这种说法是对的的话。然则为什么观念的进程采取这种方向而不采取另一种方向呢？为什么它在此时此地进行得很快，而在彼时彼地又极为缓慢呢？这里也应该有某种规律性，不过我们认为诉诸"造成社会"的观念是完全不能说明这种规律性的，因为这种做法会使我们走进死胡同。显然，在这里我们应当走出意识形态的圈子，而转入另一个什么领域，这个领域决定着观念发展的合乎规律的进程。究竟是一个什么领域呢？唯心主义是无法发现它的，因为如果唯心主义发现了它，唯心主义也就不成其为

---

① 《进化、革命和无政府理想》，第58页。——作者

唯心主义了①。唯物主义则认为,这个领域就是不依赖于人们的意识和意志而产生的那些生产关系的领域。这些关系制约着所有其余的社会关系,制约着整个"社会结构",后者又决定着"社会环境"的属性,并且在自身的发展中暴露出它固有的客观的和真正确定不移的逻辑。谁懂得这个逻辑的规律,谁就明白,为什么"文明的集体工作"是这样实现的而不是那样实现的,他也就不会回到历史唯心主义去了。

邵可侣没有想到这一点。他始终是一个历史唯心主义者,他关于社会发展规律性以及社会关系确定不移的逻辑的见解只是对他的唯心主义观点的完整性的破坏。例如他说,宗教改革也和法国大革命一样是由某一个阶级完成的②。这是不确切的说法。所有伟大的社会运动都是大多数人的事业。不过说每一个这样的运动的成果迄今为止主要由少数人即某一个阶级所享受却是对的。邵可侣本来要说的就是这个意思。而且在这里他是对的;在这里他甚至仿佛站在阶级斗争的观点上。而阶级斗争观点本身包含着唯物主义历史观某些十分重要的材料。我上面引用的巴枯宁向马志尼提出的那些反驳就部分地表明,唯心主义不可能令人满意地说明社会阶级的产生和它们的相互关系。不过虽说唯心主义同阶级斗争理论的姘居不能被认为是逻辑上完全合法的,但是这在近

---

① 不过唯心主义可以为它的发现作准备。譬如黑格尔的唯心主义在许多方面就为马克思的唯物主义的出现作了准备。关于这一点详见《黑格尔逝世六十周年》一文,登载在我们的文集《对我们的批评家们的批评》〔参见《普列汉诺夫哲学著作选集》,中文版第1卷。——译者〕。——作者

② 《进化、革命和无政府理想》,第45页。——作者

代社会理论史上并非仅见的现象。圣西门和法国复辟时代的历史学家就站在阶级斗争的立场上,而继续是一个唯心主义者。对邵可侣也应当这么说。他甚至在谈到阶级斗争的地方都是一个唯心主义者。他的唯心主义在那里甚至表现得特别明显。为什么宗教改革是一定的阶级"造成"的呢？为什么法国大革命是一定的阶级造成的呢？邵可侣回答说,因为迄今为止任何一次革命都不是充分自觉的①。不可能有走得更远的唯心主义了②。

我要请读者注意,唯物主义者完全不否定观念的历史意义。彻底的唯物主义者也许不拒绝重申：观念造成社会。但是他重申这一点是有重大的保留的。他补充说：造成社会的观念本身是由社会造成的,观念造成社会是以社会关系客观发展"确定不移的逻辑"的要求为依据的。意识由存在决定,反过来又促使存在进一步发展。可以看出,这是一件事的两方面。一方面,它可以使我们了解社会发展的规律性,另一方面,又可以使我们在这种发展的基础上建立我们自己的革新活动。当我们提出把生产资料社会化作为这种活动的最终目的时,我们就会预见到,社会"意识"追求这种社会化,因为社会"存在"由于自身发展的逻辑而倾向于这种社会化。现代工人阶级的先进代表之所以称自己的社会主义是科学社会主

---

① 《进化、革命和无政府理想》,第44页。——作者

② 我还要补充说,像所有的唯心主义者一样,邵可侣并没有弄清楚"把社会造成为"这个或那个历史时代的那些观念的具体内容。他说,现在"甚至参加基督教联盟的工人也不满意于光是期待上帝,期待圣徒,他们需要有一定的物质保证。"(第220页)可是什么时候人们满意于仅仅信任上帝呢？宗教始终都有很确定的世俗内容。——作者

义，因为对社会"存在"的科学观使他们有可能确定社会"意识"未来的方向；换句话说，——因为这种科学观使他们有可能成为自觉的人，因而使得人们（更确切些说：特定社会阶级）那些仿佛自由的活动有可能成为科学预见的对象。现代社会主义只有当它使这种预见成为可能的时候才是科学的。

四

空想社会主义者向"社会科学"提出了另一些要求。第一，这个科学本来应当帮助他们制定最好的社会理想；第二，应当帮助他们向他们周围的社会证明，他们制定的理想的确胜过所有其他的理想，即比所有其他的理想更能满足人类本性的需要。这些要求完全符合唯心主义历史观。

对于唯物主义者说来，意识的发展是由存在的发展决定的。因此他力求理解存在的发展，以便预见人们自觉活动的方向。对于唯心主义者说来，存在的发展是由意识的发展决定的。因此他认为影响意识不但是必要的，——唯物主义者也这样认为——，而且是朝所希望的方向改造存在的足够的条件。一个要求科学告诉他社会在朝什么方向发展。另一个则向科学问道，社会最好朝何处发展。对于一个来说，科学首先是揭示社会人的行动的规律性的工具；另一个则把科学的作用限制在教育这些人，给他们描绘现存制度的缺点和理想的美妙。

总观我上文就邵可侣的历史观点所作的说明，不难理解他本来想向社会科学提出的正是空想社会主义者曾经向它提出过的那些要求。

用他的话说,社会科学在逐渐摆脱(se dégage)对立意见的混乱状态,向我们揭示出这样一条真理:如果没有进化作先行,任何革命都无法完成①。我们已经知道这个观点了;不过从"这个角度"加以叙述,像德国人所说的那样,却有力地说明了我们这位作者的全部"社会科学"。邵可侣说:"自然,历史上有过千千万万的所谓宫廷革命,这就是一个国王为另一个国王所代替,一个大臣或者一个宠姬为另一个高级文官或新的情妇所代替。但是这些没有社会意义、只与个别人物相关的变动,群众不去过问它们其后果也能实现。习惯于服从的人民沉默着,他们不干涉国事。然而真正名副其实的革命没有人民积极自觉的参加就不可能实现。1848 年法国革命之所以失败,就是因为没有得到农民的支持,农民的行为表明,他们的进化还没有达到应有的水平"②。同样,1871 年巴黎公社之所以不能胜利,也是因为只有半个巴黎站在它那一边,而在其余的法国又只有各个工业城市同情它。反动派把它淹没在血海中。

"由此可以得出结论说,现在重复'人民的声音就是上帝的声音'等旧公式,发出好战的呼声,挥舞旗帜,是不够的。在一定的情况下,公民可能在道德上有义务为了保卫自己的祖国、自己的城市、自己的自由而建立街垒。不过他不要以为,任何最小的问题都可以靠子弹解决。在运动筋肉和成为历史现象以前,必须在头脑和心灵中完成种种改造"③。

---

① 《进化、革命和无政府理想》,第 58 页。——作者
② 同上书,第 62 页。——作者
③ 同上书,第 63 页。——作者

这段话说得好，也绝对正确。首先应当在头脑中实现转变。如果无产阶级的意识仍然是不发达的，新社会就不会"造成"。所以我认为，读读和多读几遍我刚才从邵可侣的书中引用的这段极好的话，对无政府主义者会很有益处。观念的进化是必要的。可是对于我们这位作者，应当作为革命先导的整个社会进化恰恰而且唯一被归结为观念的进化。他也没有想到，在任何社会运动中，为革命作准备的观念的进化本身是由客观的社会发展过程所决定的。在他那里一切希望都符合这样一种信念：la raison finit toujours paravoir raison（理性最后总会胜利），像十八世纪法国启蒙派思想家常说的那样。这就是为什么他对于他的理想将来取得胜利所指出的一切"保证"具有十足的唯心主义性质的道理。

五

邵可侣说："革命的接近是同头脑内在的工作成比例的"[①]。而这个工作是不断地完成的。无怪乎保守分子都抱怨现在的观念和风气已经不是过去黄金时代的那个样子了。无政府主义理想取得胜利的主要保证就在这里！当然，这不是说，无政府主义者由于信赖这个内在的工作，就可以把双手搁在胸口。邵可侣提醒他们注意一个工厂主就让·格拉弗著名的《垂死的社会和无政府状态》一书的出版所发表的意见。这个企业主挖苦地说过："垂死的社会中有足够的生命力可以消灭你们所有的人。"邵可侣承认，如果所

---

① 《进化、革命和无政府理想》，第 194 页。——作者

有"敌视自由思想和个人主动精神的人"都具有这个工厂主的毅力和逻辑性，那么他们"就可能取得胜利"①。幸而参与进化的"人类各集团"是"不讲逻辑的，也不可能讲逻辑，因为所有的人都有不同的利益及其所依恋的事物：谁不是一只脚站到敌对阵营中呢？"② 老实说，真该毫不犹疑地把邵可侣本人算作不讲逻辑的人：要知道如果所有的人都把一只脚站到敌对阵营，那就很明显，无政府主义理想的拥护者也就和资产阶级制度的保卫者一样有这个弱点。互相斗争的双方都固有的这个弱点并不改变他们的力量对比。而这类论据中的非逻辑性，可以说是坚持唯心主义历史观的人们精神面貌不可分离的特点。它在很高的程度上是十八世纪法国启蒙派思想家所固有的。产生这种非逻辑性的原因是：在唯心主义者那里不可能有逻辑上无可指责的论据来"保证"他的"理想"会取得胜利。

他的全部论据的基础就是这样一种思想：归根到底，理性总会胜利。既然唯心主义者深信他的理想是合理的，即它只是理性的 modus③，那就会得到和用来证明苏格拉底之死的三段论相同的三段论。不过对后面这种三段论的信念是以"人皆有死"这个大前提完全无可争辩为基础的。这个前提是无须证明的。至于所谓理性终归总会胜利这个命题，那就根本不是不可争论的。完全相反。如果像邵可侣所说的，迄今为止任何一次革命都没有达到自己的

---

① 《进化、革命和无政府理想》，第196页。——作者
② 同上。——作者
③ 模态。——译者

逻辑终点是因为它不是自觉的,那么要知道,这就是说:所希望的东西"终归"一次也没有发生过;理性一次也没有取得过完全胜利。到底有什么东西可以向我们保证它在未来会取得胜利呢?不知道!重复说理性终归会胜利,无异于犯了逻辑上所谓 petitio principii① 的错误,即把恰恰需要证明的那个命题当作证明加以引用。不过唯心主义者通常自己也或多或少明白地感觉到这一点,因此他像快沉没的人抓住一根稻草一样抓住最先想到的一些理由,哪怕这些理由只有表面上一点点最脆弱的说服力。这一点我们根据埃利泽·邵可侣的例子也可以看到。

他说,统治阶级的反抗力量由于他们的蜕化和正在增长的不生育现象而减退着。"他们抱怨家庭里子女的数目减少了。但是这种正在增长的、有意或无意的不生育现象,如果不是由于刚毅的力量和生活乐趣的减退又是由于什么引起的呢?"②就假定这样吧。但是古代罗马的例子表明,上层阶级的蜕化和不生育是理性取得胜利的很坏的保证。同时不能不感到惊讶的是邵可侣补充说,如果新生的社会没有闷死在旧社会的压迫下,那么这种现象之所以发生乃是由于"心满意足和饱食终日的阶级的这种局部的退化"。③ 如果法国资产阶级子孙满堂,难道我们的作者就要怀疑自己的理想会胜利么?

"革命思想的进步"的另一个保证,用他的话说,就在于事物的

---

① 预期理由。——译者
② 《进化、革命和无政府理想》,第199页。——作者
③ 同上书,第200页。——作者

现存制度和……正式语言的矛盾性!"其中一切都乱七八糟地混杂在一起的那些政治团体的正式行话,不合逻辑和矛盾到这样的程度,以致同一个句子既是说'不容置疑的社会自由'又是说'强有力的国家的神圣权利';同样,在行政机构中可能存在市长或同时作为自由人民的全权代理人和作为有责任向所属公社转达政府命令的人物而起作用的代表"。① 读者自己可以看出,要拿这个理由来摆脱非逻辑性是不很令人信服的。况且这只是前一个理由的重复。邵可侣所知道的使理性取得胜利的一切"保证"全都是些这样的理由。我们就不继续考察它们了,而回过头来讨论"社会科学"。

六

这门科学应当——用邵可侣的话说——帮助人们制定理想。它究竟对人们说些什么呢?首先它指出,必须满足居民的物质需要。于是社会上发出了"粮食!"的呼声。"一切其他的考虑在生物的基本需要这个集体的表现面前都退到次要地位上去了"。② 邵可侣感到惊讶的是物质上感到困乏的人们怎么会长期驯服地忍受这种状况。他拿习惯和遗传性的影响来说明他们的驯服性。饥饿的穷人用贪婪的眼神望着富丽的食品商店,却不敢伸手拿取食物,因为他们"是些受遗传性教育的人"(第123页)。然而如果这是对的,那么自然可以问问自己:"教育"人俯首听命的遗传性,难道不

---

① 《进化、革命和无政府理想》,第200—201页。——作者
② 同上书,第120页。——作者

是始终比我们的作者向我们指出的那些使理想取得胜利的"保证",更为强大有力吗?邵可侣不认为必须回答这个自然而然的问题。

他谈到"粮食"时曾涉及马尔萨斯关于人口和生活资料两者的关系的著名学说。邵可侣没有深入详细考察这个学说,他只说,土地是十分富裕的,足够供给孩子们的衣食。(第135页)这自然是对的;不过现在要使这个反对意见具有更大得多的说服力也是容易的。

其次,他的社会科学向我们推荐思想、言论和行动的自由。"自由思想可以使进化论者变成同一切教条主义的教会决裂、同一切地方当局的行政命令决裂、同一切要求自己的成员盲目服从的——公开的或秘密的——组织决裂的革命者[①]。至于言论自由和行动自由,它们乃是思想自由直接的逻辑结果。因此我们的理想是使每一个人都有充分的和绝对的自由除了应当尊重别人这一条以外毫无其他限制地在科学、政治、道德等一切方面表达自己的思想;同样,我们的理想也是使每一个人有权擅自行动,'做他所想做的事',不过自然必须把自己的意志同其他人的意志结合在一切集体事业中;他的个人自由并不因此受到限制;相反,这种自由将由于共同意志的力量而增大"[②]。

邵可侣解释说,思想、言论和行动的这种绝对自由,同限制这些自由的那些制度的存在是势不两立的。这是合乎逻辑的;但是

---

① 《进化、革命和无政府理想》,第141—142页。——作者
② 同上书,第143—144页。——作者

既然这里谈到行动的绝对自由，这就很不明白了。举一个例子。我们的作者喊道："对，无政府主义者想消灭侵占土地和土地产品的现象，他们要把这些东西还给所有的人，因之也就是把他们体验过的幸福还给他们，保证所有的人都享有土地的产品，使他们成为私有财产的敌人"①。好吧。但是这样喜欢谈论"保证"的邵可侣却没有花费一点气力对我们说明用什么东西以及怎样"保证所有的人"都享有土地的产品。暂时任何东西都没有享受的保证，所以很可以怀疑一下这种保证的可靠性。要知道，如果每一个人都"做他所想做的事"，那么"遗传性""教育"他们力求"侵占土地"的那些人也许会破坏一切事业。无政府主义者常说，这是不可能的，因为谁也不愿意损害别人的幸福。但这是极其脆弱的"保证"。第一，力求恢复私有财产的人可能——比方说，由于"遗传性"——很忠诚地相信，私有财产的恢复正是普遍幸福的利益所需要的。第二，拿谁也不愿意损害普遍的幸福作为答复，等于没有克服困难，而是回避困难，对它闭起眼睛。当然，一切都会是好的，如果……一切都是好的的话。不过要知道，这是简单的同语反复。不，请您告诉我们，如果有个什么地方不好的话，怎么改正它；不，请您解释一下，如果有个什么人忽然想要（须知每一个人都可以"做他所想做的事"）破坏普遍利益，怎么保证它。可恰恰就是这一点无政府主义者没有说明，也恰恰就是这一点无政府主义者不能说明。他们的"理想"的原始罪过正是在这里。这是违反逻辑的罪过。

---

① 《进化、革命和无政府理想》，第145页。——作者

往往可以遇到这样的人,他们说:"无政府主义的理想好是太好了,然而不能认为它可以实现。"但这是一种由于对待事物不够深思熟虑所产生的错误。无政府主义的理想之所以不能实现,并不是因为它太好了,而是因为它在逻辑方面太不好,因为它本身包含着不可解决的矛盾。圆的方形是"不可能实现"的,其所以不可能,不是因为它是太美丽的几何图形,而是因为这种几何图形硬把两种根本不能并容的特性结合于一身。谁说:"让每一个人做他想做的事吧",谁就从而放弃了关于社会幸福任何真正的保证的思想。所以如果他竟然认为社会幸福是可能的,那么这也许只有用使得邦葛罗斯①的乐观主义望尘莫及,然而经不起逻辑思想轻轻一碰的漫无止境的乐观主义才能说明。

邵可侣说,在今天的社会里,产品的分配是受个人任性行为以及投机分子和商人们残酷竞争随意摆布的②。空想社会主义者早就完全正确地指出过这一点。然则在无政府主义社会里将怎样组织分配呢?这将受"让每一个人做他所想做的事"这条规则随意摆布。从哪里可以看出新的分配方式将胜过旧的呢?从任何地方都根本看不出来!

岂止分配!在分配之前应当生产。应该怎样组织生产呢?我们已经知道:它将是集体企业的事情,在这些企业中每一个个人都会自然而然把自己的意志同其他人的意志结合起来。但是这是空

---

① 邦葛罗斯(Pangloss)是伏尔泰的讽刺小说《老实人》(*Candide*)里的人物,他认为世间一切事情都有定数,而且都是安排得尽善尽美的。因此他对一切遭遇都逆来顺受,盲目乐观。——译者

② 《进化、革命和无政府理想》,第137页。——作者

话、空话、空话，——像哈姆雷特王子①会说的一样。自然而然把自己的意志结合起来——是什么意思呢？集体企业中的成员的权利和义务将是怎样的呢？它们又将由谁来裁决呢？如果每个人都有权做他想做的一切事，那显然就用不着裁决了，因为在人们共同活动和共同生活的基础上产生的一切权利和义务，都消失在一个听任个人擅自处理的无限"权利"中。多少复杂一点的生产机构，恐怕不能建立在个人擅自处理的基础上。

土耳其的苏丹是"做他所想做的事"的②。这是不是说他是按照无政府主义理想的要求生活的呢？任何一个无政府主义者自然都不会这样说。为什么不会呢？显然是因为如果土耳其的苏丹按照"做你想要做的事"这条规则行事，他就会破坏其他人的权利。由此可以得出结论，"做你想要做的事"这项权利应当有某些界限。如果事情是这样，那么试问：谁来指出这些界限呢？

如果每一个个人都可以随心所欲地划定界限，那我就不知道为什么土耳其苏丹的行为应当受到指责，因为他正是随心所欲地规定他那做他所愿做的事的权利的界限的。

如果这些界限应当由社会来规定，那我就不理解为什么包括埃利泽·邵可侣在内的无政府主义者要起来反对"地方当局的行政命令"。要知道社会给个别人物的擅自行动所规定的那些界限不是应该具有"地方当局的行政命令"的意义？否则何必规定这

---

① 哈姆雷特王子，是莎士比亚的同名剧本中的人物，也是一个犹疑不决、只说不做的典型。——译者

② 现在这已经是时代错误了。——作者

些界限。如果不规定这些界限，那就没有自由，而只有任性。

我已经在另一个地方①说过，离开个人同其他人的关系来考察个人的权利，在方法论上是错误的。权利是表现人们之间相互关系的规范。要有可能谈论权利，就必须至少有两个人存在，这甚至对最抽象的思维来说也是如此。鲁滨逊在他那无人岛上的权利之所以是无限的，正是因为——而且仅仅是因为！——岛上没有人住。

邵可侣属于那些只承认契约不承认法律的无政府主义者之列。但是什么是契约呢？这是把一定的义务加于参与契约的各方身上的一种合同，而义务的履行则是由法律保证的。契约关系以法律为前提，而并不排斥法律。

说法律可能坏透了，这是极可尊敬的老生常谈。但是说一切法律之所以坏正是因为它是法律，这就是很大的误解。只有当自由在法律中找到自己的表现的时候，自由才能成为实在的。而且不止自由如此。为了排除资本主义生产关系，必须有把生产资料变为社会的财产的法律。无政府主义者喜欢引证好像不知法律为何物的原始社会。其实，这些社会只是没有成文法；然而在那种环境下却存在习惯法，这是一定规范的总和，破坏这些规范是被看作罪行的。以为（例如）在北美印第安人的社会中每个人都做"他所想做的事"②，这种想法是很大的错误。任何原始社会都有它那由

---

① 参见拙著《论策略和不策略的信》。——作者
② 例如参见帕乌尔：《怀恩多特部族政府：部落社会研究》（*Wyandot Government: A Study of Tribal Society*），人种学部向斯密森研究院秘书提交的第一年度报告，第65页，这里叙述了红种人在耕种过程中相互的义务。——作者

于破坏习惯法的规范而置身社会以外的人(изгой)①。但是不言而喻：文明社会中存在的关系十分复杂，所以不可能用不成文法来调节。因此任何回到习惯法去的幻想都是最不切实际的空想。

七

但是应当指出，并不是所有的无政府主义者都否定法律规范的强制性。现时的个人主义无政府主义理论家本杰明·P. 特凯尔——他恐怕是现今所有健全的无政府主义者中间最彻底的一个——就认为它是必要的。保尔·艾里茨巴赫尔说："按照土凯尔（即特凯尔）的理论，不能对以个人幸福和所有人都享有同等自由为宗旨的法律提出任何异议②。法律规范是应当承认的，这些规范是建立在所有人的意志的基础上的，应当采取一切手段，甚至使用监狱、拷问和死刑来强迫执行"③。居然这样！由此可以得出结论说，按照特凯尔的意见，个人有权做的远不是他想要做的一切事情。不过一般来说特凯尔同邵可侣一派的无政府主义者是有很大的分歧的。他也承认私有财产，在这方面，和"共产主义的"无政府主义者比较起来他表现了大得无比的彻底性。不过这一点另一次再讨论。现在我们还要回到埃利泽·邵可侣身上来。

值得注意的是后面这个人完全没有花费气力对他的理想的内

---

① 参见帕乌尔：《怀恩多特部族政府：部落社会研究》，第 67—68 页，这里叙述的是宣布罪犯是置身社会以外的人的制度。——作者
② 着重号是艾里茨巴赫尔用的。——作者
③ 《无政府主义》，柏林，第 225 页。——作者

在矛盾自然而然引起的那些反对意见进行稍微认真的分析。他好像根本没有看出这种矛盾现象。他不是在议论：他是在信仰。信仰是"被告知不可见的事物，相信不可见的东西仿佛是可见的。"邵可侣身上就有许多这样的信念；他对无政府状态"知道得"那么清楚，以致根本感觉不到对逻辑有任何需要。他相信，进化会导致革命，而革命又会导致无政府主义理想的胜利。如果他有时或许也想到社会关系的进化迄今完全没有朝无政府主义方向进行，那么他就借助于这样一个我们已经知道的理论命题把这个思想撇开不管，即：生命的运动从来不会向我们显示出直接的继续，而是处处表现为非直接的顺序性：卵巢不像它由以发生的那些器官，等等。这个——表述得有几分古怪的——命题一般而言可以说是正确的；但是作为无政府主义理想取得胜利的"保证"则是脆弱而又脆弱的。

八

按照一般无政府主义者特别是埃利泽·邵可侣的意见，在"社会科学"告诉我们的那些真理当中还有这样一条真理：权力使人受到损害，因为人的本性就是如此。这就是为什么邵可侣要求行动绝对自由的缘故。如果个人的自由专擅受到限制；如果存在强制性的法律规范，那么因此也就要承认有责任维护这些规范的社会权力的存在。然而"社会科学"断言，任何时候和任何地方都不能期望从权力身上得到任何好东西。

大家知道，空想社会主义的一切学派总是以人性论为依据。

科学社会主义则不同,科学社会主义的奠基人之一——马克思——曾经提出了一条无可争辩的原理:人的本性不是什么一成不变的东西,人在影响外部自然界的时候也就在改变他自己的本性。从科学社会主义观点来看,建立在人性论基础上的论据是完全站不住脚的。不过这些论据对于引用它们的人来说永远是很有特色的,所以我们不妨熟识一下埃利泽·邵可侣反对权力原则时所说的话。

人的本性就是:权力一定会损害人。好。但是究竟为什么它会损害人呢?因为它使人有可能压迫其他的人。这是清楚的。但是在这种场合就应当一般地说,人的本性是:人有可能的时候就压迫其他的人。从人的本性的这种属性中应当得出什么结论呢?就是:不应当使人有可能去压迫其他的人。无政府主义者在驳斥权力原则时就得出了这个结论。但是如果人的本性是凡属他能够压迫其他人的地方他都压迫他们,那么实现"做你想要做的事吧"这个原则——即无政府主义理想取得胜利——就会使强者得到充分的可能压迫弱者。这就是说,实现这条"做你想要做的事"的原则,就会给人们造成很不愉快的后果。但是对于这个必然的结论无政府主义者却完全准备掉头不顾。因此他们得出结论说,权力(可能压迫人的个别场合)使人腐化堕落,"做你想要做的事"的自由(同一个可能性,不过已经是它的普遍形态),则会在地上建立起天国。这是无政府主义许许多多的矛盾之一,我们的作者从它们旁边走过,甚至没有料到它们存在着。

但是同一个邵可侣承认,历史上有过"一些场合,这时首脑、国王、公爵或立法者的权力按其本质(en soi)却是好的,或者至少是相当纯粹而无任何杂质。在这些场合,社会舆论、低等人的意志(la volonté d'en bas)、普遍的思想曾经迫使统治者采取行动。但是在这种情况下,这些统治者的主动性乃是表面的;他们对过去可能有害而这一次却有益的压力作了让步……现代欧洲特别是英国的历史给我们提供了许多有益措施的事例,采取这些措施完全不应归功于立法者的善意,因为它们是无名的群氓强迫立法者采取的"。①

这是极为有益的自白。如果立法者有时能够采取有益的措施,那么从这里无可辩驳地得出:也可以有好的法律。其次,原来那使人腐化堕落的权力却可能对社会有益,只要它受到合理的社会舆论的影响和以"低等人的意志"为指导就行了。只有一点要问一问邵可侣,为什么社会舆论并不总是对权力产生良好的影响。对于这个问题他也不是没有答复。他说,"群氓经常时而向进步方面动摇,时而向退步方面动摇"②。但是如果这是对的,那么要知道这就完全不是"权力"的过错了。事实是:如果"低等人的意志"倾向进步方面,而且如果这个意志能够对立法者施加压力,那就得到了对社会有益的结果。然而这等于承认无政府主义否定任何权力是站不住脚的。

邵可侣这个新的逻辑错误(它如此明显地暴露出他利用自己的"社会科学"所得出的结论的动摇性)使我想起彼·克鲁泡特金的《一个革命者的札记》中的下列地方。彼·克鲁泡特金谈到他在

---

① 《进化、革命和无政府理想》,第31—32页。——作者
② 同上书,第32页。——作者

伊尔库茨克充职时说道：

"我成了两个委员会的秘书：为了改良监狱和整个流放制度和为了制定城市自治的方案……两个委员会之一，为了制定自治方案，由该城全体居民所选举的赤塔省人组成。简单地说，我们的工作是很重大的。甚至现在当我通过这个工作看到几十年后的远景时，我可以真诚地说，如果按照我们拟定的那个有限的方案进行了自治，西伯利亚的各城市现在就会有完全不同的面貌"①。

由此可以看出：（一）立法工作可以是"很重大的"；（二）某些法律对于社会可以是有益的，——有益到甚至能够使社会具有"完全不同的面貌"的程度。这两个结论说明，不管"人的本性的属性"如何，原则上否定任何权力和任何立法的无政府主义者毕竟是大错特错的。

也许有人要对我说，彼·克鲁泡特金在伊尔库茨克拟定的那些立法方案之所以好，正是因为它们是实行自治。我不想争辩和反驳。我自己就最坚定的确信：自治比官僚主义制度好得多，好得无比！但是无政府主义者曾经不止一次地证明，自治还完全不等于无政府主义理想的胜利。事实也确是这样。难道彼·克鲁泡特金的方案一旦实现，西伯利亚各城市就不会有居民应该服从的那些法律规范了吗？难道这个方案说过"做你所想做的事"吗？我没有看过这个方案；但是我可以确有把握地说，其中没有任何这类的东西。同时也不可能有。

---

① 彼·克鲁泡特金：《一个革命者的札记》，圣彼得堡，1906 年俄文版，第 15 页。——作者

九

到现在为止邵可侣都是以一个最无可置疑的唯心主义者的面貌出现在我们面前,因为他的思维的一般性质——就他的思维以人类社会作为自己的对象而言——很像十八世纪法国启蒙派思想家。在这一点上他同米·阿·巴枯宁比较起来就大大地后退了,像我们已经知道的一样,巴枯宁曾经认识到唯心主义没有根据。但是邵可侣听到过几句历史唯物主义。而且正是从巴枯宁那里听来的。不过在我所分析的这本书里他完全没有想起这个唯物主义。只有当他在多美拉·纽文惠斯的《社会主义在危险中》一书序言里攻击社会民主党人的策略时他才引证这个唯物主义的基本原理。例如在这篇序言里就有以下几行话:

"请看像卡尔·马克思这样强有力的人吧,千千万万的狂信者以他的名义向他举起双手(?),宗教式地宣誓保证要维护他的学说!在德国议会有几十名代表的整个党、整个军队,难道现在不正是用同导师本人所理解的意义相反的意义来解释马克思主义学说的么?他宣称,经济力量决定社会的政治形式,现在人们又用他的名义断言,经济因素将取决于政治会议上党员的巨大数目"①。

从这几行话里可以看出,邵可侣这位知识丰富的地理学家在他不习惯的社会学领域中是多么幼稚无能。他以为,如果经济"力

---

① 多美拉·纽文惠斯:《社会主义在危险中》,埃利泽·邵可侣序,第1分册,圣彼得堡,1906年俄文版,第Ⅳ—Ⅴ页。——作者

量"决定社会的政治形式,那么"经济因素"就完全不依赖于"政治会议"。到底为什么不依赖呢?难道结果不能反过来影响原因么?这一点他自己并不清楚。他在这里简单地重复了米·阿·巴枯宁早就反复讲过的话。巴枯宁也赞成历史唯物主义,但可惜的是他把历史唯物主义理解成这样的意思:社会的政治关系对社会的经济没有任何影响。因此他谴责马克思犯了不彻底的罪过,因为大家知道,马克思肯定地认为,无产阶级夺取政权应当成为它的经济解放的工具。巴枯宁对历史唯物主义的这种完全任意的和极不正确的理解,至今都是无政府主义者仿佛用同一个马克思主义的名义对马克思主义提出的一切责难的基础。我本人早就听到已故的尼·伊·茹可夫斯基说过:马克思承认"政治",这很像康德,康德在自己的《纯粹理性批判》里批驳了上帝存在的一切证明,但在《实践理性批判》里自己又承认了这种存在。如果使这个比方具有相反的意义,即如果说,正像康德在《实践理性批判》里仍然忠实于他在《纯粹理性批判》所持的那个观点一样,马克思在自己的政治活动中也忠实于自己的历史唯物主义的基本原理,这个比方就打得好了。不难证明:正是由于马克思忠实于自己历史唯物主义的基本原理,他才不满意从机会主义的派别起到最"极端的"派别为止的各种色彩的空想社会主义者。同样不难证明:责备马克思不彻底的巴枯宁实际上始终是一个不可救药的唯心主义者。这一点我已经部分地证明过①,不过现在篇幅不允许我详细讨论这个题目。我只要说明,正是社会的"政治形式"对社会经济的因果依存性,使

---

① 参见我的小册子《无政府主义和社会主义》"巴枯宁"部分。——作者

得马克思主义者把无产阶级夺取政治权力看成它的经济解放的最主要的手段。为什么把"经济力量"集中在自己手中的那些社会阶级力求掌握政治权力呢?难道不是因为政治权力是它们进一步巩固和保卫自己的经济地位的手段么?看来是这样。谁发现是这么回事,谁就会承认,"政治"能够影响而且正在影响"经济"。而这就是所要求得的证明。

后面这个理由使我还要指出问题的这样一个方面。无政府主义者乐于承认:上层阶级利用自己的政治权力来剥削工人阶级。然而如果这是对的,——这确是神圣的真理——,那么由此应该得出结论说,这个权力对于上层阶级不但无害,而是很有益处的。因此不能说:政治权力的存在对社会有害;应该这样说:政治权力对于掌握这种权力的那些阶级是有益的,而对于它所反对的那些阶级则有害。然而这就是说,它所反对的那些阶级应当把它从自己的压迫者手中夺取过来,并且使它变成自己解放的工具。这就是马克思主义者所做的而无政府主义的逻辑则拒绝做的那个必不可免的实际结论。

十

无政府主义者以为,政治权力之所以不能成为无产阶级求解放的工具,正是因为它现在是压迫无产阶级的工具。但这是一个大错误。政治权力某个时候为了世俗贵族和僧侣贵族的利益压迫过资产阶级;后来到了这样一个时期,那时政治权力变成了用资产阶级精神改造整个社会的工具。这本是每一个小学生都知道的。

政治权力的性质是依据谁掌握它而改变。在专制君主制度下，它不同于落入资产阶级手中以后的那种情形。政权一旦归无产阶级掌握，它也会不同于现在资产阶级掌握的这个样子。马克思在他的小册子《法兰西内战》里说得很好："工人阶级不能简单地掌握国家机器，并运用它来达到自己的目的"①，但是相反，工人阶级一旦掌握它，就应当按照他们自己的社会目的来改造它。正确理解"政治形式"和"经济力量"的关系，情况就是这样。

我故意在这里使用了邵可侣的名词："经济力量"，以便指出他用词极不确切。什么是经济力量呢？从历史唯物主义的观点看来，这很不清楚。社会的政治关系决定于社会生产关系的性质。资本主义社会里的政治关系是：它们越来越增加无产阶级的人数和提高他们的觉悟，从而为经济上的"弱者"之战胜经济上的"强者"，为被剥削者之战胜剥削者提供了客观的保证。从这里很可以看出，只有当无产阶级同资产阶级的斗争超出纯粹经济斗争的范围（在这些范围内力量归根到底始终总是在资产阶级方面），而进入政治领域的时候，无产阶级才可能取得胜利。那时胜利就会使他们得到权力，而同权力一起的还有把生产资料变为社会财产即破坏资产阶级的经济力量的实际可能性。正因为如此，马克思才说，一切阶级斗争都是政治斗争。谁当真严肃深入地思考过"编年

---

① 马克思的这段原话是："工人阶级不能简单地掌握现成的国家机器，并运用它来达到自己的目的。"（参见《马克思恩格斯全集》，第17卷，第355页）这就是说，工人阶级应当打碎和摧毁资产阶级的国家机器，而不只是夺取这个机器。可见，普列汉诺夫在这里所说的"工人阶级一旦掌握它，就应当按照他们自己的社会目的来改造它"，是不符合马克思主义的这一重要原理的。——译者

史",他就不难相信这个毋庸争辩的真理。虽然邵可侣也爱引证这种"编年史",但他并未弄清它的思想。他通过唯心主义的眼镜来看人类的历史发展。这就大大地削弱了他的眼力的清晰程度,也极度地缩小了他的视野。

现在我们对邵可侣的"社会科学"有了足够的知识。我们确信,它完全没有真正(和唯一)科学的基础,这个基础就在于懂得:社会人的自觉活动现在必然为处于意识形态范围之外的原因所决定。因为没有这样的基础,埃利泽·邵可侣的"社会科学"就仍然是法国人所谓的道德政治科学。大家知道,"道德政治科学"里所谈的其实不是如何理解人类合乎规律的发展,而是向人类提出一系列多少有教益的事例和多少良好的劝告。这类的事例和劝告在我们这位作者的书里就有很多。他的全部"理想"都建立在这些东西上面。可是既然他的教导很少符合他引用的事例的真正意义,所以他的劝告远不总是都能实现,而他的理想也就自相矛盾。

我们的作者部分地重演了克雷洛夫的狗鱼的故事:那条狗鱼干着不适于自己的猫的行业。邵可侣是出色的地理学家和很坏的社会学家。的确,如果他是一个好的社会学家,他就会从完全不同的方面来探讨自己的对象,那时……那时他就不会作为无政府的理论家出现。

无政府主义的不幸就在于它的"科学"根本不科学。正因为如此,它的理论家们(无可争论,他们中间有一些十分正直,也很聪明很有才干的人)才在最没有出路的矛盾中弄得昏头昏脑。

无政府个人主义者

应当承认韦尼阿明（按照英语发音是本杰明）·特凯尔是个人主义的无政府主义最著名的理论家，说得正确些，是个人主义的无政府主义唯一著名的理论家。这种无政府主义在西欧不大出名，在俄国更不出名，俄国人通常把无政府主义一词同所谓共产主义的无政府主义概念联系起来。其实，光凭个人主义的无政府主义把无政府主义思想推到了它的逻辑终点这一条，就很该对它注目了。所以我们断然向我们的读者推荐我们刚才抄录了它那别出心裁的题目的这本著作。

我们所谓本杰明·特凯尔把无政府主义思想推到了顶点，这并不是说，他使无政府主义思想摆脱了它固有的一切矛盾。不是的，虽然特凯尔比其他的无政府主义者，例如比我国同胞彼·克鲁泡特金彻底得多，他还是无法完全摆脱无政府主义思想一般所固有的不合逻辑。下面就是一个有趣的例子。1890年10月14日，特凯尔在唯一教牧师学院发表了一篇《国家和个人的关系》的讲演，他说："无政府主义者不仅是功利主义者，而且是最充分最极端的利己主义者。在他们看来，天赋权利的唯一尺度只是力量。任何人……和任何集团，不管是中国的匪徒还是美国的国会，如果他们手上有力量，就有权杀死和强迫其他的人，或者使整个世界都服从自己的目的。社会奴役个人的权利和个人奴役社会的权利之所以彼此不相等，只是因为他们的力量不相等。"（第19页）往下几行，我们读到："所以，无政府主义者认为权利问题不过是力量问题罢了。"这是很明白的，就它本身来说还是很合逻辑的。可是就在第72页上我们听到同一个特凯尔说出了以下的话："无政府主义承认个人或者任何数目的个人有权决定谁也不应当压制自己伙伴同样的自由。超出这个界限，他就不承认监视个人行为的任何权利。"在第74页上他又说："无政府主义恰恰要求保护和实现自然的自由权利，而不要求任何相反的东西，或者还可以说，不要求任何不同的东西。"在第382页上他完全是用同样的精神说："社会主义者断言：'体现为资本形式的劳动日'，由于占有这个资本就完全得到了报偿；如果所有者把资本贷给另一个人使用，而那个人又损害它、破坏或者消耗它的任何部分，那么所有者就有权对这种损害、破坏或消耗要求补偿；如果他得到比变成神圣不可侵犯之物的资本还多的余额，那么他的劳动日就支付了两次。"去试试理解一下吧！一方面，权利的尺度是力量，因此，没有任何自然权利。可是另一方面，自然权利是存在的，而且无政府主义"恰恰要求"保护它和实现它。怎么能这样呢？摆脱这个矛盾的出路在哪里呢？逻辑上的出路这里是没有的；矛盾不可能解决，只能说明，即确定把特凯尔引向不可解决的矛盾的那种逻辑方法。

这是一种怎样的方法呢？看来是这样的。像所有的空想社会主义者一样，无政府主义者通常在抽象原则的基础上建立自己的体系。无政府主义者的这种原则就是个人自由的原则。但是随着社会科学的发展，可以越来越清楚地看出：在这种或那种抽象原则中寻找这个或那个社会问题的答案,实质上意味着绝对解决不了问题。社会生活发展的进程,只有从具体的观点即从这种发展过程本身所产生的那些社会需要以及那些社会任务的观点来观察它的人才能理解。社会科学所研究的不是个别的个人,而是社会集团,这些集团的内部和外部关系最终是由它们存在的种种条件决定的。而同一些条件归根结底既一般地决定社会集团的概念,特别是社会集团关于权利的概念。所以"力量"和"权利"远不是始终那么互相矛盾的,像用抽象观点看这个问题的人们所设想的那样。看来特凯尔模糊地意识到了这一点;看来他已经感觉到无政府主义者固有的空想主义方法无能为力,而希望站到具体的观点上来。这种具体的观点,他以为就是力量的观点。当他转到这个观点以后,他就开始怀疑天赋权利的原则,并且宣称,力量是这个权利的唯一尺度。不能说这是具体思维很成功的尝试;不过尽管不十分成功,毕竟开始尝试过。只需要继续尝试,并且改正尝试后所取得的那个不能令人满意的结论。究竟怎样才能继续这种尝试呢?很简单。特凯尔用力量概念代替权利概念时本来应该问问自己:社会人的力量是哪里来的,是由什么东西决定的呢?而这个问题就会使他紧紧接近于决定社会发展进程和方向的根本原因是什么的问题。可是特凯尔没有耐心——大概也没有理论修养——来研究这类问题。一转到力量的观点,他就把无政府主义者所固有的抽象思维习惯一起带到那里去了,换句话说,他像坚持权利观点的无政府主义者一样仍然是一个空想主义者。因此,他要给自己找到比较具体的思维方法的企图,依然毫无结果,他不得不看着自己回到他在我们上面引证的那篇《国家与个人的关系》的演讲中用如此高傲的鄙夷态度加以批驳的那个权利观点上来。然而一回到权利观点——抽象个人的抽象权利观点,他必然至少要得出无政府主义者在他们的体系中所得出的那些谬论中的某些谬论。作为这些谬论的例子,我们且指出他的这样一个意见:强迫教育违反无政府主义精神。强迫教育是什么意思呢?为什么它违反无政府主义精神呢?请听。

一位人民教师向特凯尔提出了如下的问题:

一、"如果父母让自己的孩子挨饿,折磨或者摧残他,从而积极地攻击他,使他受到伤害,那么团体的其他成员为了不容许这种行为而进行干预是否公正呢?"

二、"如果父母不关心给自己的孩子提供食物、住所和衣服,因而无视从同等的自由这个规律得出的第二个结论作为前提的自我牺牲的义务,那么团体的其他成员为了强迫父母履行义务而进行干预是否公正呢?"

三、"如果孩子的身体已经成熟而父母故意竭力不让他们在智力或道德方面成熟起来,那么团体的其他成员为了不容许这种现象而进行干预是否公正呢?"

四、"如果父母不关心让自己的孩子们有可能在智力上成熟起来(假定智力的成熟可以确定),那么团体的其他成员为了强迫父母提供这种可能性而进行干预是否公正呢?"

五、"如果承认读和写的本领即表现和说明固定的思维符号的本领是成熟性的必然标志,同时如果父母不关心给自己的孩子们提供学会读和写的机会,或者不利用已有的这种机会,那么团体的其他成员为了强迫父母提供或利用这种机会而进行干预是否公正

呢?"(第186页)

对于这些问题,特凯尔指出,"如果不预先决定在这种场合有没有攻击",他就不能决定干预是否公正。但是他补充说,如果向他提出问题的人决定用"是否符合无政府主义的政策?"一词来代替"是否公正"一词,那么他就可以对他的问题给他以如下的答复:

一、"是。"

二、"是,在相当严重的情况下。"

三、"不。"

四、"不。"

五、"不。"(第188页)

这就是说,如果父亲让自己的孩子挨饿,折磨或者摧残他,团体的其他成员就可以干预。如果他只是不关心给孩子提供食物、住所或衣服,那么"在相当严重的情况下"可以进行干预。最后,如果父母妨碍孩子智力或道德的发展,那么这里不容许任何干预。为什么这样呢？原因就在下面。"无政府主义者说,自由总是要的。除非是反对攻击者,否则就不要使用强力;而在难以决定这个欺负者是否在攻击的那些场合,只要立即采取决定的必要性不是这么迫切,以致需要用强力来挽救生命,也还是不要使用强力。"(第187页)这是一般的规则。"如果把这个规则运用到我们现在所考察的问题上去,我们立即可以明白地看出,对于使得子女智力低下和道德堕落的这种恶劣态度,是不应当动武的,因为这种态度的后果多少是遥远的。相反,对于使子女身体上受折磨的那种恶劣态度,如果十分严重,则是可以动武的。"(第187—188页)

从个人主义的无政府主义观点看来,普遍的义务教育……原来破坏了愚昧无知或者心怀叵测的父母的自由。这当然是一种极大的而且十分有害的胡说。这一点用不着证明。不过仍然不妨注意一下凯特尔是通过什么途径得出这种极大的而且十分有害的胡说的。使他得出这种胡说的是这样一个抽象原则：只有在有攻击的地方，社会才有权进行干预。这个原则本身也许还不坏。然而糟就糟在这个不坏的原则，由于它极端抽象，根本确定不了和解决不了任何问题。关键在于必须认定谁是攻击者。至于对这个问题的答案，那么特凯尔所指出的抽象原则甚至连暗示也没有。这就是为什么特凯尔要借助于某些别的考虑来解决这个问题的缘故，而这些考虑使他相信，任何特定的社会团体都可以破坏父母的权利，如果它想妨碍他们使他们的子女变得愚昧无知或道德堕落的话。这些考虑显然根源于这样一种旧的、可以说是野蛮的概念：父母对子女应该有绝对无限或者几乎无限的权力。特凯尔从抽象的自由原则出发，自己也没有料到就得出了保卫权力原则的结论。这类奇怪的现象时常在无政府主义者那里发生，而这种现象之所以产生，原因很简单，就是：无政府主义的理论，像我们已经说过的那样，通常不是建立在具体社会关系的基础上，而是建立在抽象原则的基础上。这是空想主义者的通病；而无政府主义者——这些空想主义的颓废派——则把空想主义的方法发挥到荒谬绝伦的地步。

除非是反对攻击者，否则就不能使用强力。但是一旦有了攻击，按照特凯尔的意见，强力的使用就可能发展到很高的程度。他不否定用来处死罪犯的绞刑架、断头台或者电刑椅的"可怕"。诚然，用他的话说，这些东西在他心目中也像在任何别人心目中一样会引起同样的反感。但是他仍然证明说,死刑不是杀害。他说:"我坚决主张,在攻击你们的那个人的生命中是没有任何神圣的东西的。没有任何多少有根据的社会生活原则可以禁止受到攻击的个人用他所能有的一切方式进行自卫。"(第 216 页)

这个新的抽象的命题只有经过大大的保留才能予以承认。它只能作为臭名远扬的"不以暴力抗恶"原则的否定才是正确的(顺便说说,特凯尔用很大的讽刺态度对待这个原则是完全应该的)。不过我们暂且假定,特凯尔所说的这个新的抽象命题是绝对正确的。结果如何呢?

假使可以处死攻击者,那就显然可以对他们采取这种或那种警察措施。因此可以得结论说,就其意图而言,无政府主义同现在存在的现实环境完全没有脱节得那么远,像初看起来可能觉得的那样。特凯尔强调说:"攻击的力量是国家的原则,而保卫的力量则是自由原则的一个方面。"(第 511 页)而结果是:能够以"保卫"的名义做的事情也就是现在以攻击的名义所做的那种事情。差别在哪里呢?你靠抽象是无法在这里找到差别的。

有趣的是特凯尔不承认克鲁泡特金和他的同道们是无政府主义者,因为他们"否定生产和交换的自由,而这是一切自由中最重要的东西,没有它,其余一切自由都没有任何价值,或者几乎没有任何价值。"(第 498 页)不言自明,"共产主义的无政府主义者"不会承认这种责备是正确的;不过特凯尔的这些话有它很严肃的意义。他引证了克鲁泡特金下面的话:"剥夺——这应当是未来革命的口号,如果这个革命想履行自己的历史使命的话。完全剥夺一切有任何可能剥削别人的人。把一切在个别人手上可能成为剥削工具的东西都变成民族共同的财产。"在这段引文中,特凯尔指出,表现了"对个人进行生产和交换的权利的否定"(第496页)。这是完全正确的。特凯尔本来可以补充说,谁宣称生产资料是社会的财产,谁也就宣布了决定社会中人们相互关系的某种法律。他本来还可以问问共产主义的无政府主义者,他们企图颁布这种法律是不是违反他们的那个信念:根本不应当有任何法律,因为任何法律按其实质都是有害的。

这个寓言的意义是:如果个人主义的无政府主义有许多矛盾,那么在"共产主义的"无政府主义中就可以看出更多更多的矛盾;同克鲁泡特金的同道比较,应当承认特凯尔的同道是思想方法彻底的人。"共产主义的"无政府主义,这就是圆的方形或荒诞的胡说,即某种同逻辑完全不可调和的东西。

实力和暴力(论革命策略问题)[①]

序　言

　　1894年春,当法国无政府主义者用自己"行动的宣传"引起了整个文明世界的愤怒,当我接受德国社会民主党的《前进报》的委托写了一本小册子《无政府主义和社会主义》的时候,李卜克内西老人建议我就革命策略问题给我们的德国同志的中央机关报写一篇文章。我高兴地接受了这一建议,给李卜克内西寄去《实力和暴力》一文,后来发表在《前进报》上。李卜克内西写信告诉我,他很满意这篇文章,而且意大利的同志们把它译成了自己的语言,用《La tactica rivoluzionaria》(Forza et violenza)[②]为题出版于米兰。现在"3"同志把它译成为俄语,并要我负责校正他的译文。我很乐意做这件工作,因为我这篇以小册子形式出版的论文,最初是用法文写的,随后译成德文,又从德文译成了意大利文,现在则从意大

　　[①]　本文序言译自《普列汉诺夫全集》俄文版第16卷第189—190页;本文正文译自《普列汉诺夫全集》俄文版第4卷第250—258页。——译者
　　[②]　《革命的策略》(实力和暴力)。——译者

利文译为俄文。因此,不完全确切地转达我的思想的可能性是很大的。

因为在我写这篇文章的那个时候,无政府主义的策略曾经道路相传,所以我在论证自己的思想时不止一次地提到了它。现在西方也许早就没有很大的必要作这样的引证了:因为那里的无政府主义已经杳无声息了。但是在俄国,引证是有益的,因为无政府主义(热利雅鲍夫在自己的辩护演说中十分中肯地称无政府主义是我国革命运动中年轻人的错误)又开始在我们的祖国蔓延起来。因此,我国有觉悟的工人必须知道,我们的策略和无政府主义者的策略有什么根本区别。

只要弄清了这种区别,我国有觉悟的工人也就不难看到,为什么我不那么赞成我们过去的"布尔什维克们"的策略。这种策略里面,马克思主义太少了,反之,布朗基主义却太多了,甚至可以说无政府主义太多了。

过去的"布尔什维克们"说,由于我们经历过种种事变,我现在所坚持的策略并不是我从前所坚持的那种策略。但是这种说法证明,他们并不了解我从前的策略观点是怎么一回事。读一读这本小册子,你们就会看到,当我写它的时候(而这还是在1894年的春天,像我已经说过的那样),我过去对社会民主党的策略的看法完全和现时一样,就是在细节上也并无不同。

我很高兴地知道,李卜克内西和意大利的马克思主义者赞成我的策略观点。我也同样高兴地看到,他们不喜欢列宁的追随者:在我看来,这两种如此不同的情况都分别地、同样可靠地证明了我的策略观点的正确性。

一

社会主义者在争取工人阶级完全解放的斗争中的策略应当是怎样的呢？

谁都明白，各地的条件必然要对这种策略发生影响。但是社会党既然是一个国际政党，就应当制定出一些共同的、不变的规则，而不问在时间和地点的情况下有什么差别。

此外，应当指出，我们这里所说的不是大家都十分清楚的国际社会党的最终目的，而是这个政党的策略，或者也可以说，是这个政党的手段。目的和手段是两个彼此完全不同的概念，纵然手段应当和目的一致，而且凡是企图达到任何一种目的的人，都应该利用各种适当的手段，但是常常会发生这样的情形：各个政党所采取的手段，远不符合它们给自己提出的那些目的。社会主义史上也有类似的错误。罗伯特·欧文和傅立叶无疑是追求革命的目的的，但是他们希望用和平手段来达到这些目的。目的和手段之间这种矛盾，乃是空想社会主义一个最薄弱的方面。

如果我们也犯了这种错误，如果在我们的目的和我们的手段之间存在着根本就不应当有的矛盾，我们的社会主义便不当称为连我们的敌人也予以承认的科学社会主义。

只说我们的目的是革命的是很不够的。在人类现在所知道的一切目的中间，我们的目的的确是最革命的。但是必须使和这个最革命的目的的内在本性相适应的手段也是革命的，必须使这些手段成为从来的革新派所使用的一切手段中间最革命的手段。

＊　　＊　　＊

然则这些目的应当是怎样的呢？

无政府主义者回答说："唯有非法的手段才是革命的手段。只要你们还坚持参加选举，只要你们的代表还完全从事于由资产阶级手上夺取有利于工人阶级的这些或那些改良，只要你们还在继续承认剥夺你们的言论自由或某些行动的权利的那些法律，——你们就同革命毫不相干，你们就只会变成立法派和和平改革派。

"革命的活动只是在破坏法律的地方开始的，因此这种活动是从起义、从单独的个人或全体群众的暴力行动开始的。你们越是赞成起义和暴力行动，你们就越会变成革命者"。

非常明白的答复。不过需要考察一下这个答复是不是那么正确。

首先使人注意的是：在无政府主义者看来，革命手段和暴力行动是一个意思，是一件东西。但是，这样等量齐观根据何在？

比其他的手段更快地使我们接近我们的目的即接近革命的那种手段，是最革命的。假使这个原理是对的（这里不能有任何怀疑），则由此应当做出下面两条结论：

（一）也可能有一些最革命的行动同起义、同暴力行动风马牛不相及。

（二）当起义和暴力行动并不使我们接近我们的目的，而是使我们离开我们的目的的时候，它们就永远是反革命的。

只有瞎子才会看不见，无政府主义的暴力行动恰恰是使我们离开我们的目的。

不管无政府主义者真的在某个地方扔下一枚炸弹也罢，不管他们煽动罢工工人采取暴力也罢，不管他们干出任何一桩谋杀案件也罢，——他们的一切行动只会得到一个结果：加强反动势力，也就是说，给工人运动造成新的障碍。无政府主义那种唯恐不是暴力的行动，无非是一种反革命的手段。

*   *   *

不难理解，使无政府主义者在自己的暴力行动中看到和这些行动的真实本性相反的某种东西的那个真理错在什么地方。

我们随便拿一次革命来说：17世纪英国革命或者18世纪、1834年和1848年的法国革命。在这些革命中，我们每一次都发现许许多多血迹斑斑的暴力行为、起义、巷战、武装冲突和屠杀事件。正是这些暴力行为使无政府主义者犯了错误，这个错误可以大致地表述如下：

"既然在每一次革命中都发生暴力行为，那么只要采取暴力手段就可以引起或加速革命"。

无政府主义者的议论很像某种人的说法："既然每一次下雨的时候一定撑开伞，那么只要打开这把有用的雨具，雨就会落下来的"。无政府主义者的全部策略就以这种奇怪的诡辩为轴心。不过它也有好的一面，那就只是最好地证明了把暴力手段同革命手段混为一谈是极其天真的。

我们已经说过，比其他的手段更快地使我们接近我们的目的，即接近革命的那种手段是最革命的。因此，凡是削弱支持现代政治制度和社会制度的力量和增强未来社会制度的信奉者的力量的活动，都应当认为是革命的活动。

这两种力量的相互关系归根到底是由每一个个别国家的经济关系决定的。任何方式的行动，只要它朝增强拥护新社会制度的人的力量的方向改变这些关系,按其结果来讲,就是革命的行动。

不过说某种手段按其结果来讲是革命的,还不等于说,革命者应当采取这种手段。

*　　*　　*

实际上经常有这样的情形:我们的敌人打算用种种反动措施消灭我们,结果搬起石头砸自己的脚,而且还使我们变得比以前更加强大。但是从这里还得不出我们应当支持这种反动活动的结论。

毫无疑问,凡是资本主义统治的地方,迟早一定会引起反对现存秩序的武装起义。毫无疑问,资本主义本身就孕育着未来社会的经济因素,当它产生无产者阶级的时候,也就创造了自己本身的掘墓人。可是我们决不想因此就称资本家先生们是革命者。

当资本家使现有制度的经济发展完全破产,当他们造就出未来革命的种种因素的时候,他们这样做是事与愿违的、不自觉的。恰好相反,他们的自觉的活动则是极端保守的;只要他们的力量办得到,他们就不择手段地坚决保卫现存秩序不受不满分子的侵犯,他们就一定会常常为这种侵犯而使无产阶级付出很珍贵的代价。十分明显,这种活动和革命事业是没有丝毫共同点的。

另一个例子。无政府主义者(我们说的是一些现代的无政府主义者),按其方向是赞成革命的。不过他们事实上只是为反动派的目的效劳。

维护现状(status quo),主张保持现存秩序的资本家实际上却不随己愿地在加速革命的进程。一种人是暴徒,另一种人是守旧分子：这两种人之距离革命者都同样遥远。

只有一方面增强革命力量，另一方面又符合采取这种行动的那些人的意图的那种行动方式才是革命的。

＊　　＊　　＊

利用工厂立法限制资本主义的剥削，通过这些限制使雇佣劳动的政治经济学战胜资本的政治经济学，——这就意味着用革命的精神来改变国内的经济关系。任何追求这一目的的活动都是革命活动，不管它采取什么形式：它可以用暴力的手段达到这一目的，也可以通过和平的宣传达到这一目的。

其次，无产阶级的力量越大，一般来说，它就越容易用和平的和合法的手段达到类似的改革。在西伯利亚金矿，工人完全处在企业主的权力下，企业主享有用肉刑惩罚工人的特权。对于这些不幸的人来说，暴力就是自卫的唯一手段，至少也是对资本家之斥骂他们和侮辱他们进行报复的手段。

西欧和北美的工人，为了不受主人的鞭打，没有必要破坏机器，因为他们拥有许许多多合法的手段，可以同自己的剥削者进行斗争。拒绝利用这些手段——这些手段是工人阶级战斗的收获——无异于按照资产阶级的利益拒绝用无数重大牺牲的代价夺来的权利，无异于去做一件绝顶愚蠢的事。无产阶级绝对不会干这样的事，而幻想着为暴力而暴力的无政府主义者先生们则到处说这样的蠢话，做这样的蠢事。

＊　　＊　　＊

在这里，也许有人要反驳我们，说我们是在宣传国家社会主义。"有人告诉我们，既然你们赋予工厂法和各式各样的改革以如此巨大的意义,然则在这种情况下,你们的活动和俾斯麦的活动,或者和任何一个正在草拟工厂法方案的俄国部长之间又有什么区别呢?"

对于这个问题,我们的答复是:

(一)所谓国家社会主义,其内容就是社会主义者从剥削者政党手上夺得整个一系列的让步。谁不了解国家社会主义和民主主义的社会主义之间的区别,他任何时候也不会懂得这个经常愉快地把这些让步一个一个地收入自己的版图的邻国人①的行动方式中间存在着怎样的特点。

(二)国家社会主义者向民主主义社会主义者让步的目的,按其本质说是完全保守的。他们希望通过这些让步结束阶级斗争这个现代社会主义运动的灵魂。国家社会主义者企图用一切力量不让无产阶级知道它的利益和资产阶级的利益之间存在着不可调和的敌对性。他们竭尽全力设法阻止工人的阶级觉悟的提高,而社会民主党人则认为提高这种觉悟是自己首要的义务和最根本的使命。

二

物质力量永远在被剥削者的手里。如果这些被剥削者没有把物质力量当作自我解放的手段使用,则这只是证明,物质力量本身还不是革命的武器,仅仅利用这种力量是不能实现革命事业的,它

---

① 指俾斯麦。——译者

完全不是任何变革的必要条件。要使工人阶级善于利用自己的物质力量，就必须使它清楚地了解自己现在的处境，知道自己能够得到解放的条件。我们越是提高无产阶级的阶级觉悟，被压迫者的力量就越强大，而现时的事物的秩序就越不稳固。

上世纪的革命家和法国哲学家在其进攻旧制度的当时，决不在任何障碍面前止步。他们无情地破坏一切种类的权力——地上的权力和天上的权力，他们为资产阶级的胜利做了准备。但是既然资产阶级的存在以无产阶级的存在和资产阶级对无产阶级的剥削为前提，那么当时思想家们的事业只能是半革命的。尽管这些启蒙派有"教养"，他们内心深处是很藐视群众的，他们只把自己的知识交给资产阶级。工人群众当时都在沉睡未醒。

空想社会主义者们已经没有对不幸的劳动群众的这种藐视态度了。他们如此热情地梦想劳动者得到解放，他们做了这样多的工作来提高劳动者的觉悟，不过话又说回来，他们这样做几乎是不自觉的。他们追求的东西不是阶级斗争，而是试图调和阶级矛盾，因为他们相信只要社会上所有的阶级通力合作，资本主义制度是可以消灭的。所以他们不分青红皂白地时而向剥削者呼吁，时而向被剥削者呼吁，甚至对那些剥削者特别尊重，好像这些剥削者的财富和知识保证他们在社会改造事业中能起很大的作用。

如果说法国启蒙派按其最终目的和他们所采取的手段说只是半个革命者，那么，空想社会主义者按其最终目的说已经是完全的革命者了，不过，正如我们已经说过的，他们只希望用和平的手段达到这些目的。

* * *

科学社会主义的创立者——社会主义民主派——第一次直接向"启蒙"时代的革命者如此害怕和如此轻视的工人群众呼吁。他们的全部任务在于号召这些群众站在工人自己的旗帜下,他们的全部任务在于组织现代的无产阶级。他们向无产阶级宣传的道理不是不切实际的阶级调和,而是阶级斗争,在这方面他们不仅按自己的目的说是革命者,而且按自己的手段说也是革命者。

只要无产阶级懂得它自己的解放应当是什么意思,它迟早就会懂得自己本身的利益和资产阶级的利益是不可调和的。社会主义者向它说明阶级对立的本性,以及这种对立所能有的种种政治的和社会的后果,他们用自己的学说训练了一支至今还没有过的革命力量,尽管这支力量能够采取的是最合法的形式。提高无产阶级的阶级觉悟是现代社会主义者最革命的手段,是全世界所有社会党共同具有的一个主要特征,或者用更精确的话来说,是每一个个别国家的社会党的一个主要特征。无论时间和地点的条件多么不同,这个手段总是始终不变的。

自从存在着世界和人类企图沿着进步的道路前进以来,被剥削者第一次开始理解到自己受压迫的原因,他们决心要结束人剥削人的现象。同这种伟大的运动比较起来,世界上一切暴力发动、旧日浪漫派革命家的一切阴谋,都不过是一种天真的儿戏。因此当我们坚决地认为现代社会主义者所使用的手段是只能如此的最革命的手段,而无论这些手段采取什么方式——合法斗争方式或暴力行动方式——的时候,我们是完全正确的。

＊　　＊　　＊

　　许多人都说,社会主义者不应当同资产阶级有任何妥协。说这种话的人是完全对的。不过,把什么叫作同资产阶级的妥协呢?当无产阶级和自由资产阶级共同进行反封建斗争的时候,这不是表明无产阶级同资产阶级有了勾结么?根本不是这么回事。因为同资产阶级的任何妥协,都是一种政治协定,它在某种形式上会妨碍工人阶级觉悟的提高。既然任何一个国家里社会党的策略有助于提高这种觉悟,则不问社会主义者对待其他政党的临时态度怎样而妄谈妥协,那是可笑的。

　　我们的比利时的同志们为了普选权同小资产阶级并肩地进行斗争。但是有没有一个人会天真地责备他们同小资产阶级妥协呢?争取普选权的斗争在他们手上是提高工人阶级觉悟的一种强有力的手段,并且使他们有足够的能力担负起革命的事业。

　　比利时工人的斗争尊重任何形式的暴力,不过在这里,像在所有的地方一样,把暴力和实力混为一谈是可笑的,而无产阶级实力的源泉就在于提高自己的阶级觉悟。

　　＊　　＊　　＊

　　空想社会主义者原则上否定了暴力手段,因此犯了学理主义的毛病。社会民主党人并不否定暴力手段,正如他们不放弃和平宣传一样;他们懂得在一定的条件下暴力手段是必不可免的。同时他们也懂得并且承认,弄清和公开宣布实力和暴力之间有一道很深的鸿沟是极其重要的。社会民主党人所追求的仅仅是发展实力——只是实力而已。至于暴力,那只有在一定的条件下才能使用。在各个文明国家的目前形势下,为了无产阶级本身的利益,不要醉心于暴力行动①。所以我们才进行和平的和合法的宣传鼓动工作。不过即使在我们否定暴力的行动方式的时候,我们仍然不断地发展无产阶级的革命实力,训练无产阶级去夺取未来的胜利。

有人喜欢把阶级斗争比作战争。战争中自然会有许多暴力行动。但是决没有任何一个并不愚蠢的军士会不知道军队的实力和这个军队所使用的任何暴力之间存在着巨大的差别,也决没有任何一个并不愚蠢的军士会不知道非时而用的暴力行动只会损害采取这种行动的那个实力。

＊　　＊　　＊

某些报纸上评五一示威游行的文章引得我们发挥了这样一些议论。这个节日的目的,在于通过提高无产阶级觉悟的方法来增强无产阶级的实力。不过也还有一些人,而且是相当聪明的人,把实力和暴力混为一谈。他们天真到不明白为什么社会主义者要尊重各地的具体条件和拒绝为了没有任何意义的娱乐去破坏两三条警厅禁令,把自己党的未来当作儿戏。

---

① 所谓文明世界的目前形势,我自然是指西欧和北美当时的形势。在今天的俄国,无产阶级可以进行合法活动的范围是太小了。不过俄国的无产阶级必须记住,醉心于暴力的行动方式可能导致十分惨重的失败。我国工人阶级的有觉悟的朋友们也应当牢牢记住,暴力和实力不是一个东西,而在一定的条件下,无产阶级的暴力行动可能会阻碍它的实力的发展。——作者为俄文版写的注释

普列汉诺夫生平简介

格奥尔基·瓦连廷诺维奇·普列汉诺夫,1856年12月11日出生于俄罗斯唐波夫省利茨佩克县古达洛夫卡村一个破落贵族地主家庭。祖先是鞑靼人。"普列汉诺夫"这个姓氏中有个"汉"("汗")字就是证据。父亲是退职上尉。母亲是俄国大批评家别林斯基近亲的后裔。他中学时代就在语言、文学和社会科学方面显示出浓烈兴趣和卓异才能,被同学们誉为"会走路的百科全书"。课余则发奋钻研俄国革命民主主义者的作品。车尔尼雪夫斯基的著作对他的革命世界观的形成起了特别巨大的作用。他19岁参加革命民粹派组织。不久成为职业革命家。1880年年底,为逃避沙皇政府搜捕,亡命西欧达37年之久。

流亡的最初几年,普列汉诺夫接触了西欧的工人运动,认真钻研了马克思、恩格斯的著作。于是就从一个小资产阶级的农民民主主义者和空想社会主义者变成了无产阶级的科学社会主义者,从巴枯宁式的唯心史观信奉者变成了唯物史观的拥护者。与此同时,他还像学生似的在日内瓦大学,后来又在巴黎的索尔朋听教授们讲历史学、人类学、经济学、地质学、有机化学、解剖学、动物学的课和人文科学著名学者的讲演,或者一清早就上图书馆阅读各类科学书籍,做了几十个笔记本的读书摘记和听课记录。他通晓德、英、意、保、波等各种欧洲语言,尤精法语,能够流利地用法语写作和演说。这对于他踏实学习和深入研究先进的西欧文化以及顺畅地同各界人士交流思想都无疑是一个十分有利的条件。

1883年9月,他在日内瓦组织了俄国历史上第一个马克思主义革命团体"劳动解放社"。在这个小团体中普列汉诺夫是公认的思想领袖。在他的领导和直接参与下,劳动解放社翻译和出版了马克思、恩格斯的许多重要著作,并把它们秘密运往俄国散发。在此期间,普列汉诺夫还发表了一系列政治、哲学、经济、科学社会主义、美学、文艺评论和历史等方面的论著,捍卫、论证和发展了辩证唯物主义,特别是历史唯物主义的原理,批判了民粹主义、无政府主义、新康德主义、经济主义等俄国以及国际工人运动中资产阶级和修正主义的思潮,分析了俄国革命提出的种种政治、经济和理论问题,从而培养了一大批年轻的革命骨干,为联合国内外社会民主主义力量和在俄国建立社会民主党进行了大量卓有成效的工作,同时他还建立并且加强了俄国社会民主主义组织同欧洲(主要是西欧)社会民主党的牢固联系,交流了彼此的革命经验,促进了无产阶级的国际团结。由于这些活动,普列汉诺夫成了第二国际的著名领袖、国际工人运动最杰出的领导人之一。据说恩格斯曾经这样评价过普列汉诺夫:他的天才"不亚于拉法格,甚至不亚于拉萨尔"。又说:"我认为只有两个人理解或掌握了马克思主义,这两个人是:梅林和普列汉诺夫。"

普列汉诺夫比列宁大14岁。他不仅是思想上帮助年轻的列宁走上正确的革命道路的引路人之一,而且是帮助他接受辩证唯物主义和历史唯物主义观点的哲学导师之一,同时在一定意义上还是把列宁引入第二国际领导层的推介人。因为正是由于他的引荐列宁才很快结识第二国际各国著名领袖。

1900年8—9月,列宁和普列汉诺夫通过艰巨而曲折的谈判,达成了共同编辑出版《火星报》和《曙光》杂志的协议。同年年底到1903年10月,是普列汉诺夫同列宁并肩战斗的3年,也是他政治上最光辉的岁月。列宁认为,普列汉诺夫和他的"劳动解放社"同志不仅在理论上促进了俄国社会民主主义运动,实行了迎接工人运动的第一步,而且是"为俄国社会民主党打下基础并一直领导党的理论家和著作家",他们"为党在理论上和实践上的发展做了许多事情","俄国社会民主党的建立,是'劳动解放社'即普列汉诺夫、阿克雪里罗得和他们的朋友们的主要功绩"(《列宁全集》,第4卷,第203、226、292页)。

1903年11月,刚建立的俄国社会民主党分裂为以列宁为首的"布尔什维克"(即"多数派")和以马尔托夫为首的"孟什维克"(即"少数派")。作为党的总委员会主席的普列汉诺夫对孟什维克的分裂活动采取退让妥协的政策,并且自己很快就走向了孟什维克一边,开始在组织问题上,随后由于发生了1905年革命,又在策略问题上采取了同布尔什维克尖锐对立的立场。普列汉诺夫的孟什维主义策略给当时俄国无产阶级的革命事业造成了严重的危害。

不过从1903年11月到1914年8月这段时期,普列汉诺夫仍然是一个无产阶级的革命家。他这个时期的总的特点就是动摇性,即在布尔什维克和孟什维克之间摆来摆去。所以列宁称他是一个"特殊的孟什维克",说他采取了一种"特殊的立场"。所谓特殊立场的意思,不仅是指他在策略和组织问题上好多次脱离过孟什维克,不仅是指他在斯托雷平反动年代抨击了取消派,同布尔什维克结成了战斗联盟,在极其困难的环境下捍卫了党和革命,而且,与此密切联系的,是指他作为"孟什维克—马克思主义者"在理论上,在哲学上坚持了"正义的事业"。列宁特别高度赞扬了他在斯托雷平反动时期俄国先进阶级进行哲学"整顿"中所起的伟大作用,比之为十八世纪百科全书派在法国,或者像康德到黑格尔和费尔巴哈的古典哲学在德国所起的那种启蒙作用。

第一次世界大战爆发后,普列汉诺夫主张按照马克思的榜样,在战争中力求区分民族防御战和民族征服战,找出发动战争的罪魁祸首,因此,他要求俄国无产阶级起来反对德、奥等同盟国侵略者,保卫祖国。1917年二月革命后他结束流亡生活回到俄国,继续鼓吹俄国进行卫国战争,号召工人阶级团结在资产阶级临时政府周围,反对列宁提出的变帝国主义战争为国内战争,实行社会主义革命的"四月提纲"。他不同意列宁的帝国主义理论,不同意说帝国主义是腐朽的、没落的、垂死的资本主义,是无产阶级革命的前夜,而赞成考茨基所谓帝国主义是资本主义高度发展时期工业资本主义民族力图愈来愈多地吞并或征服农业区域所实行的一种政策。他显然认为,在欧洲,尤其是在俄国,资本主义仍然有巨大的发展空间,而且,资本主义本身是一种善于自我调节的社会制度。他援引马克思的重要原理说,"在一国的生产方式还促进该国生产力的发展而不是阻碍它的发展以前,它绝不会退出历史舞台"。当时俄国经济相当落后,不仅吃存在着资本主义的苦头,而且吃资本主义生产方式不够发达的苦头。他认为进行社会主义革命的另一前提条件是雇佣工人构成国内居民的多数和在工人阶级中间进行长期的教育工作和组织工作等等。所有这些条件当时俄国都远不具备。因此他继恩格斯之后警告说，工人阶级最大的历史灾难莫过于在还没有准备好以前就夺取政权。但是当十月革命取得胜利之后，他拒绝了白党分子要他出来领导反动政府的建议，没有参加反对新政权的活动。因为他认为自己为无产阶级事业奋斗了四十年，即使这个阶级走上了错误道路，也不愿和不能站在它的对立面，进行反对它的斗争。1918年5月30日，这位卓越的马克思主义者在物资匮乏、病情加剧、孤独凄凉中与世长辞。

作为政治家，普列汉诺夫不是强有力的。他不具备超凡脱俗的领袖气质。他背后没有忠于他的铁杆部队。他领导的"劳动解放社"不过五六个人；而且都是知识分子，几乎没有人从事组织工作。所以他最终都未能成为强大政党或派别的领袖。

普列汉诺夫所以名垂青史，主要是作为博学的著作家、思想家、理论家。自从1890年第一次发表历史哲学专论《评梅契尼可夫的书》直到1917年出版《从唯心主义到唯物主义》，哲学上他始终是一个有独创精神的马克思主义者。即使1903年以后也仍然如此。这特别表现在对马赫主义、造神派、寻神派和其他资产阶级哲学家的批判，以及对俄国社会思想史的研究和大量美学、文艺论著上。但综观他的全部哲学著作，可以说理论上富于创见实践上影响深远的作品，大都是十九世纪九十年代发表的：如《黑格尔逝世60周年》、《车尔尼雪夫斯基》、《无政府主义和社会主义》、《论一元论历史观的发展问题》、《唯物主义史论丛》、《论个人在历史上的作用问题》、《没有地址的信》等。其中尤以《论一元论历史观的发展问题》为最。这本书代表了他一生所达到的理论水平的最高峰。1903年以后,在哲学原理方面虽然也写出过像《马克思主义基本问题》这样的优秀著作,但从根本上说并没有取得什么重大的进展。然而在运用现成的原理分析宗教、文艺,特别是俄国哲学史和俄国社会思想史方面却产生了丰硕的成果。

普列汉诺夫的著作卷帙浩繁。按照列宁的指示,1923—1927年苏联出版了《普列汉诺夫全集》24卷。后来苏联学者整理并陆续编辑出版了普列汉诺夫的若干遗著、手稿和书信,如《普列汉诺夫遗著》(8卷,1934—1940年),《普列汉诺夫哲学遗著》(3卷,1973—1974年),等等。1956年为了纪念普列汉诺夫诞生100周年,苏联科学院哲学研究所主持编辑出版了5卷本《普列汉诺夫哲学著作选集》(1956—1958年。中译本则出版于1959—1984年),这套取材于《全集》和《遗著》的著作是迄今为止他的哲学著作的最好选本。

从内容看,普列汉诺夫著作涉及的领域非常广泛。包括哲学、多个领域的思想史、美学、文艺评论、经济学、历史学、宗教学、伦理学、社会政治思想、政论等等。其中许多领域,他都做出了重大的贡献,提出了不少的创见,大大促进了马克思主义理论的发展,至今不仅保持着战斗的意义,而且仍然是人们开启智慧的源泉之一。

普列汉诺夫的文章流畅优美,旁征博引,极爱论战,文风清新,明晰泼辣,兼具法国式的奔放风趣、德国式的深邃思辨和俄国式的渊博简洁的特点,是著名的俄国散文家。他的一些文句被人们视为典范的俄语收入权威的俄语辞典。他翻译和校订的马克思、恩格斯著作奠定了现代俄语的马克思主义语汇的基础。这些,也都是他的一项毋庸置疑的不朽的文化功绩。

　　列宁对普列汉诺夫一生的学术功绩和历史地位曾经有过两条基本的、纲领性的评价。一条说:他是杰出的马克思主义哲学家,他"所写的全部哲学著作""应当列为必读的共产主义教科书"。另一条说:他是俄罗斯民族的文化巨人,他是和车尔尼雪夫斯基齐名的"大俄罗斯"进步"民族文化"的卓越"代表"。

图书在版编目(CIP)数据

普列汉诺夫文集.第1卷,无政府主义和社会主义/(俄罗斯)普列汉诺夫著;王荫庭译.—北京:商务印书馆,2021(2022.7重印)
ISBN 978-7-100-19706-9

Ⅰ.①普… Ⅱ.①普…②王… Ⅲ.①普列汉诺夫(Plekhanov,Georgi Valentino 1856—1918)—文集 Ⅳ.①B512.54-53

中国版本图书馆 CIP 数据核字(2021)第 048614 号

权利保留,侵权必究。

普列汉诺夫文集
第 1 卷
无政府主义和社会主义
王荫庭 译

商 务 印 书 馆 出 版
(北京王府井大街36号 邮政编码100710)
商 务 印 书 馆 发 行
北京艺辉伊航图文有限公司印刷
ISBN 978-7-100-19706-9

2021年6月第1版　　开本 710×1000　1/16
2022年7月北京第2次印刷　印张 13
定价:55.00元